KB126989

일본 독립서점 탐방기

오늘도 작은 책방에 갑니다

와키 마사유키 지음
정지영 옮김

그린페이퍼

작지만 개성 있는 책방은 일본 각지에 많이 있다. 전국적으로 유명한 곳부터 그 지역에서 알 만한 사람은 다 아는 책방까지 각자 나름대로 세계를 만들어 내고 있다. 그중에는 책이 좋아서 생겨난 곳도 있고, 지역 주민이 집과 일터 말고도 안락하게 지낼 장소를 만들고 싶어서 시작한 곳도 있다. 그 지역에서 최고급인 매장도 있고, 그 지역에 문화적인 장소를 되찾기 위해 젊은이가 문을 연 곳도 있다. 그중에는 심야에만 문을 여는 색다른 책방도 있다. 한 곳 한 곳이 특별하고, 유일무이하다.

이 책에서는 일본 전국 곳곳에 있는 스물세 개의 책방을 소개한다. 그곳에서 한 권 한 권의 책과 그 책이 진열된 모습을 살펴보고, 책등의 감촉, 흐르는 배경 음악, 감도는 향기를 즐기고 난 뒤 책방 주인의 이야기에 귀를 기울였다. 그런 다음 다시 가게를 둘러보면 이야기를 듣기 전보다 공기의 밀도가 높아진 기분이 들었다. 책을 고르다 보면 마음에 드는 책이 한없이 나와서 멈출 수 없었다. 그때 그 장소에서만 할 수 있는 체험을 하는 기분이 들었다. 그래서 책방 여행은 끊을 수 없다.

게다가 책방에 있는 것은 책만이 아니었다. 책방 주인이 책을 통해 그곳에 찾아오는 사람들에게 전하고 싶은 것이 가득했다. 그것은 음악일 수도 있고, 공간 자체일 수도 있다. 피어나는 향기도 그중 하나일 것이다. 그런 모든 것이 모여서 책방을 이루고 있다. 책방은 그저 발을 들이기만 해도 오감을 즐겁게 해 준다.

내가 느낀 그런 두근거림이 조금이라도 독자 여러분에게 전달되기를 바라는 마음으로 이 책을 썼다. 만약 조금이라도 두근거린다면 이 책과 함께 책방을 여행하기 바란다. 분명히 그곳에는 멋진 만남이 기다리고 있을 것이다.

일러두기

책에 실린 인터뷰 내용은 2018년 기준이며, 서점 정보는 2023년 기준이다.

사진ⓒ도나미 슈헤이(砺波周平)

스노 셔블링
SNOW SHOVELING

책벌레들의 살롱

"어서 오세요."라고 하지 않는 책방

고마자와 올림픽공원에서 그리 멀지 않은 곳에 있는 이 책방은 찾아가기가 어렵다. 케이크 가게가 있는 건물 주차장에서 안쪽으로 들어간 뒤 대낮에도 어둑어둑한 계단을 과감히 올라가지 않으면 들어갈 수 없기 때문이다. 그러나 일단 들어가 보면 별천지가 펼쳐진다. 본래 창고였던 휑뎅그렁한 공간에 세월의 흔적이 묻어나는 앤티크 책상과 책장이 나열되어 있고, 여기저기 어수선하게 책이 놓여 있다. 난방 기구와 사슴 박제까지 장식되어 있어 일본이라고는 믿기지 않는 분위기를 풍긴다. 알기 어려운 입구도 어둑어둑한 계단도 전부 이 공간을 위한 서문처럼 느껴진다.

어떻게 이런 공간을 만들 수 있었을까? 내부 인테리어까지 자신의 힘으로 직접 해낸 책방 주인 나카무라 슈이치(中村秀一) 씨의 경력은 이색적이다. 고등학교를 졸업하고 미국에 가고 싶다는 생각만으로 단골이었던 빈티지 의류점의 바이어를 따라서 미국으로 건너간 뒤 전 세계를 여행했다고 한다. 그래픽 디자인과 영상 제작 등 다양한 일을 했지만, 자신의 매장으로 뜻을 펼치고 싶어서 30살에 책방을 차리기로 다짐했고, 마침내 스노 셔블링(SNOW SHOVELING)을 열었다.

"책방을 하려고 마음먹고 세계 각지의 책방을 돌아다니다가 정신을 차려 보니 35살이 되었더군요."

나카무라 씨는 웃으면서 이렇게 말했다. 이국적인 정서를 풍기면서도 마음이 편안해지는 이 공간은 그렇게 여행하면서 눈에 담아 온 전 세계의 거리와 가게에서 영향을 받은 것이다.

책방의 한쪽 벽면에 있는 책장에는 나카무라 씨가 몇 번이고 읽고 싶은 책을 진열했다고 한다. 지극히 주관적이지만, 그렇기에 나카무라 씨와 취향이 맞는 사람에게는 더할 나위 없는 책장이 될 것이다. 나카무라 씨가 일부러 미국에서 사들인 책들도 볼 만하다. 감각적인 사진집과 디자인 서적이 많아서 진귀한 책도 발견할 수 있을 듯하다.

책방에는 편안한 소파가 있어서 기부금을 내고 마시는 커피와 함께 조용히 책의 세계에 빠질 수 있다. 이따금 옆에 앉은 사람과 이야기꽃을 피울 수도 있다. 나카무라 씨와 이야기에 열중하는 손님도 많아서 마치 살롱 같은 분위기가 난다. 나카무라 씨는 방문하는 손님에게 "어서 오세요."라고 하지 않고 "안녕하세요."라고 말한다. 책방 주인과 손님이 아니라 사람과 사람이라는 관계를 소중히 여기는 것이다.

이 책방은 2012년에 문을 열어 지금까지 운영되고 있다. 도대체 어떻게 해서 이런 책방을 열고 지속할 수 있었을까?

"책방을 시작했을 때 매년 커다란 목표를 두 개 정하기로 했어요. 두 개 모두 실현하지 못하면 책방을 닫자고 마음먹을 정도로 진지하게 여기고 있지요. 예를 들어 책을 출판한다거나 북클럽을 만드는 일 같은 거예요."

참고로 2017년에는 제작한 책을 일본 전역의 책방에 입점시키는 것이 목표 중 하나였다고 한다.

"그렇게 해서 지금까지 책방을 운영해 왔지만, 사실 이 방법도 지루해졌어요. 그래서 앞으로는 변화를 줘서 책방 이외의 공간에서도 무언가 도전하려고 합니다."

지속하는 것은 중요하지만, 지속하기만 한다고 좋은 것은 아니다. 항상 변화하기에 고객도 주인도 책방을 계속 좋아하는게 아닐까.

만약 여러분이 책에 관련된 문화를 좋아해서 스노 셔블링을 간다면 잊을 수 없는 경험을 할 것이다. 여기에서는 책도, 잡화도, 공간도 전부 책과 관련한 문화를 편안하게 표현하고 있기 때문이다.

책벌레들이 모여드는
사람과 사람 사이의 교차로

전 세계의 공기가 깃들어 있는
보물들이 가득한 장소

1-4.나카무라 씨가 곳곳에서 모아 온 소품들을 하나씩 살펴보는 일도 즐겁다. Book Nerd 라고 쓰인 오리지널 셔츠 등 책 문화를 알리는 잡화도 만들고 있다. **5.**"모르는 사람끼리 자 연스럽게 대화할 수 있는 공간을 만들고 있어요."라고 말하는 나카무라 씨. 매장을 만드는 데 특히 영향을 받은 것은 뉴욕에 있는 스리 라이브즈 앤드 컴퍼니(Three Lives & Company), 스푼빌 앤드 슈거타운 북셀러(Spoonbill & Sugartown, Booksellers), 에이스 호텔(Ace Hotel) 이 렇게 세 곳이라고 한다. 예를 들어 소파 자리는 에이스 호텔의 라운지를 참고했다.

인생에서 정말로 필요한
열 권의 책을 찾아보는 공간

1-3. 서양 책도 많고, 국적이 없는 상품도 있다. 대부분 중고 책이지만 일부 신간이나 독립출판물도 놓아둔다. 4. 건물 입구에는 간판과 함께 이 책방의 상징인 삽(셔블)이 세워져 있다. 5. 책방 이름은 무라카미 하루키(村上春樹)의 작품에서 나온 '문화적 눈 치우기'에서 따왔다. 무라카미 하루키의 책은 신간이든 구간이든 따지지 않고 진열한다. 6. 나카무라 씨는 "책방에 있는 책은 전부 좋은 책이에요. 책의 전 주인이 써놓은 메모까지 포함해서 그 책의 역사로 즐겨 주시기 바랍니다."라고 말했다. 7. 제목을 가리고 책에 관련된 한 구절을 써둔 문고본 엽서. 소중한 사람에게 보내고 싶은 마음이 든다.

[info] 도쿄도 세타가야구 후카사와 4-35-7 후카사와빌딩 2F-C(東京都 世田谷区 深沢 4-35-7 深沢ビル 2F-C) / 도큐덴엔토시선 고마자와대학역 혹은 도큐오이마치선 도도로키역에서 도보 20분, 버스 정류장 후카사와후도에서 도보 1분 / tel 03-6432-3468 / 13:00~19:00 / 화요일, 수요일 휴무

하나메가네 상회
ハナメガネ商会

추억을 파는 곳

100년이 넘은 오래된 집에 진열된 추억의 책

마시코야키(益子焼)를 비롯해 전국 각지에서 엄선된 도예품이 모이는 것으로 유명한 도치기현의 마시코마치에 추억의 책을 파는 하나메가네 상회(ハナメガネ商会)라는 책방이 있다. 오래된 집의 미닫이를 드르륵 열고 신발을 벗어야 들어갈 수 있는 곳이다. 여름방학을 맞아 찾아간 할아버지와 할머니의 집처럼 아늑한 분위기에 둘러싸여 안으로 들어가면 예전에 어디선가 본 듯한 책들이 눈앞에 펼쳐진다. 에도가와 란포(江戸川乱歩, 일본을 대표하는 탐정 소설가-옮긴이)의 소년 탐정단 시리즈나 세계 명작 동화 전집 등 어린 시절에 읽었던 그리운 책들이 쭉 진열되어 있다. 툇마루에서는 계절에 맞게 핀 꽃들이 연출하는 아름다운 바깥 풍광도 볼 수 있다.

과거의 향수가 녹아든 이곳은 책방 주인 마스다 모모에(マスダモモエ) 씨가 책과 관련한 일들을 오랫동안 한 끝에 만들어졌다. 어린 시절부터 책을 아주 좋아했던 마스다 씨는 책과 관련된 일을 하고 싶어서 규슈에서 도쿄로 건너와 출판사에 취직했다. 그로부터 몇 년 후 시노바즈 북스트리트(不忍ブックストリート, 도쿄의 야나카, 네즈, 센다기 지역에 책방이 모여 있는 거리-옮긴이)에서 매년 개최되는 히토하코 후루혼이치(一箱古本市)라는 중고책 판매 행사를 알게 되었다. 참가자들 각자가 책방 주인이 되어 상자 하나에 자신이 판매하고 싶은 책을 담아 거리에 나와서 파는 행사다.

"책방 주인들이 심혈을 기울여 고른 책을 상자 하나에 담아 작은 세계를 만드는 모습을 보고, 이런 세상이 있었구나 하고 충격을 받았어요. 그래서 혹시 내가 하고 싶었던 책에 관련된 일이 이런 게 아닐까 생각했지요."

그때부터 중고 책방을 돌아보고 직접 판매 행사에도 참여한 마스다 씨는 결혼하면서 회사를 그만두고, '중고책 소녀'라는 콘셉트로 추억의 책을 파는

인터넷 쇼핑몰을 시작했다.

"어린 시절에 굉장히 좋아했던 책이 그리워져서 어른이 된 다음에 찾아봤는데, 그때 저와 마찬가지로 추억의 책을 찾는 사람이 많다는 것을 깨달았어요. 혹시 지금 내가 가진 책도 누군가가 찾고 있을지 모르겠다는 생각이 들었습니다."

그렇게 인터넷 쇼핑몰에 책을 올려놓으니 줄곧 찾던 책을 발견했다며 기뻐하는 고객이 많았다. 이 일이 지금의 책방을 만든 출발점이 되었다고 한다.

"어린 시절에 읽고 어렴풋이 기억은 하지만, 제목까지는 생각나지 않는 책. 하지만 표지나 삽화를 보면 바로 알 수 있는 그런 책을 갖추고 있어요."

인터넷 쇼핑몰이 궤도에 오르고 얼마 지난 뒤 마시코로 이사하게 된 것을 계기로 책방을 열었다. 몇 년간은 집 일부를 가게로 삼았지만, 책이 늘어나자 공간이 비좁아졌다. 이 사정을 고객에게 이야기했더니 현재의 매장이 된 빈집을 소개해 주었고, 바로 다음 날 집주인에게 연락했다고 한다. 기회를 얻으면 놓치지 않는다. 그런 뛰어난 반사 신경이 매장을 꾸미는 데에도 발휘되었다.

"크게 고집 부리지 않고, 스스로 유연해지려고 해요. 큰 계획을 세우거나 신념을 내세우기보다는 그때그때 찾아오는 사건을 정면으로 받아들이는 게 저에게 맞아요. 책방을 연 지 벌써 6년이나 됐지만, 앞으로도 여러 시행착오를 겪으면서 고객을 기쁘게 할 만한 물건을 갖추어 나가고 싶어요."

하나메가네 상회에 현재를 위한 책은 별로 없다. 그곳에 존재하는 것은 과거다. 눈코 뜰 새 없는 생활에 지쳐 갑자기 멈추고 싶어질 때, 이 책방은 우리를 따뜻하게 맞이해 준다. 이곳에 발을 들여놓으면 놀랍고도 설레었던 어린 시절의 감정들이 되살아난다. 그래서 책방을 나올 때면 복잡하던 마음이 어느새 상쾌해진다. 마시코에는 이렇게 온화한 가게가 있다.

잊고 있던 기억 속에서
그날, 그때의 추억이 되살아난다

그리움을 느끼면서
느긋한 시간을 보내는 공간

1-6. 하나메가네 상회는 마시코 지역에 100년 이상 자리한 오래된 민가에 둥지를 틀었다. 마스다 씨는 매일 빗자루로 이 집을 빌린 결정적인 계기가 된 툇마루를 청소한다. 봄이 되면 복숭아꽃과 무스카리꽃, 진달래 등이 마당에 연달아 피어나서 눈을 즐겁게 해 준다. 2-3. 고객이 맡긴 책을 깨끗하게 만드는 작업은 중고 서점에 있어서 중요한 일이다. "책을 책장에 진열할 때도 누군가에게는 이 책이 기억에 두고두고 남을 책이었을지도 모른다는 마음을 잊지 않아요."라고 말하는 마스다 씨. 4. 중고책과 함께 목각 인형도 진열해 두었다. 수집가에게 매입 의뢰를 받는 일도 많아서 어느새 자연스럽게 목각 인형을 모으게 되었다고 한다. 5. 안쪽 방에서는 아티스트나 테마를 정해서 책을 진열하는 등 다양한 전시를 하고 있다. 취재 당시에는 만화 '사자에 씨(サザエさん)' 시리즈를 진열하고 있었다.

오래된 집 안에서
보물찾기를 하듯
추억의 책을
찾아보는 시간

1-4. 오래된 그림책만이 아니라 자수 교본 등 실용서도 많다. 특히 어린이책에 신경을 쓴다. 옛날 어린이책은 인쇄를 적게 해서 손에 넣기 어려운 것이 많다고 한다. 5. 쇼가쿠칸 출판사에 나온 '미니 레이디 백과(ミニレディー百科)' 시리즈는 마스다 씨가 '중고책 소녀'를 콘셉트로 정한 계기가 된 책이다. 지금도 찾는 고객이 많다. 6. 마스다 씨는 물건을 만드는 사람들의 발상에 자극이 된다며 잡화도 들여놓았다. 작가의 독특함이 배어나는 물건을 골라 진열하고 있다.

[info] 도치기현 하가군 마시코마치 마시코 1665(栃木県 芳賀郡 益子町 益子 1665) /
모카선 마시코역에서 도보 약 10분 / tel 0285-77-5370 / 11:00~17:00 /
수요일, 목요일 휴무(비정기적인 휴무도 있음)

루트 북스
ROUTE BOOKS

오아시스 같은 책방

새로운 화학 반응이 일어나기를 꿈꾸는 공간

JR 우에노역, 이리야(入谷) 출구로 나와서 국도 4호선을 건너면 이어지는 뒷골목에 책방 루트 북스(ROUTE BOOKS)가 자리하고 있다. 우에노역의 시노바즈(不忍) 출구나 히로코지(広小路) 출구와는 달리 이 지역은 비교적 조용한 분위기를 띤다.

책방의 입구에는 선인장과 다육 식물이 옹기종기 모여 초록빛으로 물들이고 있다. 안으로 들어가면 오래된 건물을 리모델링해서 투박하지만 운치 있는 공간이 펼쳐진다. 독특한 감촉의 테이블과 책장, 곳곳에 비치된 식물들이 책과 절묘한 조화를 이룬다.

이 책방은 주택이나 상점을 리모델링하는 건축 회사 유쿠이도(YUKUIDO)가 운영하고 있다. 대표 마루노 신지로(丸野信次郎) 씨는 원래 책방을 열 마음이 없었다고 한다. 이전의 사무실이 비좁아져서 옮길 곳을 찾다가 현재 책방의 바로 앞에 있는 건물을 발견했다. 처음에는 1, 2층만을 빌리려 했지만, 그 위층도 공실이어서 건물 전체를 빌리기로 결정했다.

위층을 어떻게 활용할지 몇 가지 방안을 생각하다가 책방이라는 형태에 마음이 쏠렸다. 만남과 배움이 공존하는 장소를 만들고 싶었기 때문이다. 영어나 도예 선생님을 초빙해서 다양한 지식을 배우며 친구도 만나는 공간. 선생님이 없을 때도 이곳에 오면 언제든지 책이 선생님이 되어 준다. 그런 취지로 루트 북스의 문을 열었다. 그리고 2017년에 앞 건물로 옮겨서 현재 책방의 모습이 완성되었다. 오랜 세월의 흔적이 남아 있는 건물이었기에 그 느낌을 살리고 싶었다고 한다.

"만약 현대식으로 바꿨으면 재미없었을 거예요."

지금은 두 건물을 합쳐 루트 커먼(ROUTE COMMON)이라고 부르고 있다. 두 건물이 어우러져서 하나의 세계를 만들어 낸다고 표현한 것이다. 이 안에는 책방만이 아니라 식물을 파는 매장도 있고, 갤러리도 있으며, 누구나 이용할 수 있는 공방도 있고, 직접 빵을 구워서 파는 빵집도 있다.

"저마다 다른 목적을 품고 이곳에 오신 고객들이 만남을 통해 새로운 화학 반응을 일으키기를 바라고 있어요."

이곳에는 그런 마음이 담겨 있다.

루트 북스는 이렇게 새로운 만남의 장이면서, 또 하나 산지 직송이라는 테마도 내세우고 있다. 예를 들어 매장에 있는 책상과 책장은 매장 바로 앞의 공방에서 만들었고, 판매하는 채소는 농가에서 바로 배송된 것이다. 진열하는 도서는 지방의 작은 출판사가 출간한 도서나 독립출판물을 고르는데, 직접 작가나 출판사에 연락해서 책을 구한다. 그들이 좋다고 여기는 것들만 매장에 들여놓고 있다.

"사실 우리가 건축 회사라고 하면, 왜 건축 회사에서 책방을 운영하는지 의아해하시는 분도 계실 거예요. 비즈니스 측면에서 생각한다면 셰어오피스를 운영하는 편이 더 이득이겠지요. 하지만 그렇게 하지 않은 것은 책이나 카페, 전시에 끌려서 모인 사람들이 이 장소를 마음에 들어 하고, 결과적으로 건축 회사의 고객이 되기를 바랐기 때문입니다. 그런 유쿠이도의 커뮤니티 같은 것을 만들고 싶어요."

루트 북스에 와서 가장 크게 느끼는 것은 자유로움이다. 마루노 씨는 예전에 책방이나 출판과 관련된 일을 한 적이 없었기에 업계의 관습이나 상식에 얽매이지 않는 참신한 시도를 할 수 있었다. 그래서 습기에 취약한 책과 식물을 함께 두는 등 일반적인 책방에서는 생각하기 어려운 일에 도전할 수 있었다. 책방이라는 틀에 얽매이지 않았기에 책이 살아났다. 그렇다고 해서 조잡해 보이지는 않는다. 이곳의 모든 것에 그들의 진심이 스며들어 있다. 그렇기에 사람이 모이는 것이다. 루트 북스는 우에노에 생겨난 오아시스 같은 책방이다.

이곳에 있는 책과 식물은
살아가는 데 꼭 필요하지는 않지만
우리의 삶을 풍요롭게 해 준다

1.매장 안은 마루노 씨의 건축 회사 유쿠이도에서 직접 꾸몄다. 마루노 씨도 편안한 분위기가 좋아서 책방 안에서 일을 한다고 한다. 2.책방은 우에노 옛 동네의 정서가 묻어나는 뒷골목에 자리하고 있다. 3.얼핏 보기에 책방 같지 않은 외관. 그래도 안에 무엇이 있을지 기대감을 자아낸다. 4.매장 안의 테이블과 의자는 대부분 직원이 손수 제작했다. 2층에 가면 직원이 제작한 가구를 살 수 있다. 5.커피 원두는 도쿄 기요스미시라카와(清澄白河)에 있는 어라이즈 커피(ARiSE COFFEE)에서 가져왔다. 만족할 만한 커피 맛을 찾기 위해 원두를 10kg이나 사서 마셔 봤다고 한다. 이런 고집이 커피에 고스란히 담겨 있다.

우에노 뒷골목에서
녹음에 둘러싸여
느긋하게 책을 고르는 여유

산지에서 직접 가져온
마음에 쏙 드는 좋은 물건들

1-3. 책장에는 디자인, 아트, 생활 관련 서적이 진열되어 있다. 무엇보다 루트 북스에 걸맞은 책으로 채우려고 한다. 베스트셀러 같은 일반적인 책이 아니라 주제가 독특하거나 정성 들여 만들어진 책을 진열하고 있다. 4. 같은 건물 내에 식물을 판매하는 매장도 있다. 이곳의 식물은 물론이고 서점 안에 있는 식물도 구매할 수 있다. 5. 작가를 직접 섭외해서 그릇도 전시하고 있다. 책방과 같은 건물 안에 있는 갤러리와 연계해 기획전도 열고 있다. 6. 음식 관련 서적 옆에는 산지에서 직송한 채소를 진열해 두었다.

[info] 도쿄도 다이토구 히가시우에노 4-14-3 Route Common 1F(東京都 台東区 東上野 4-14-3 Route Common 1F) / JR 우에노역에서 도보 3분 / tel 03-5830-2666 / 12:00~21:00

리딩 라이팅
Readin' Writin'

아사쿠사에 탄생한 21세기 커피 하우스

흥미로운 일들이 사람들의 발길을 이끈다

외국 관광객의 발길이 끊이지 않는 도쿄의 아사쿠사(浅草)에서 시끌벅적한 일대를 벗어나 조금 걸으면 옛 동네의 정서가 묻어나는 한적한 지역이 나타난다. 도쿄 메트로 다와라마치(田原町)역의 바로 근처, 큰길에서 한 블록 들어간 조용한 장소에 2017년 새로운 책방이 생겼다. 리딩 라이팅(Readin' Writin')은 신문 논설위원이었던 오치아이 히로시(落合博) 씨가 제2의 인생을 열고자 시작한 책방이다.

이 책방이 있는 건물은 본래 목재 창고였기 때문에 천장이 높아서 탁 트인 느낌을 준다. 벽에 설치된 책장에는 키보다 높은 곳까지 책이 꽂혀 있다. 멋지게 꾸며져 있지만, 사실 이 공간은 우연히 발견한 곳이다.

이곳을 빌리기 직전까지 오치아이 씨는 다와라마치에서 다른 곳을 점찍고 있었다. 계약을 며칠 앞두고 주변을 산책하다가 들어간 카페 주인에게 "이번에 책방을 열어요."라고 이야기했더니 이곳을 소개해 주었다고 한다. 조건도 미리 봐 둔 곳보다 좋았고, 무엇보다 높은 천장과 인테리어 공사를 하지 않아도 복층이 있다는 데 반해서 즉시 계약을 했다.

"임대 매물이라고 붙어 있지 않았으니까 그때 카페 주인과 이야기하지 않았다면 지금의 리딩 라이팅은 없었을 거예요."

오치아이 씨의 타고난 행동력이 행운을 끌어온 것인지도 모른다.

책장에 진열한 책들은 앞으로 5년, 10년이 지나도 빛바래지 않을 만한 것들이다. 도쿄나 아사쿠사, 극장, 유곽 등 지역과 관련된 책도 있고, 아이를 데려오는 고객이 많기 때문에 육아나 여성의 라이프스타일에 관련된 책도 많다. 취재나 글쓰기에 관한 책이 많은 것은 오치아이 씨가 기자 출신이기 때문이다.

"통일성이 없는 듯하지만 공통적으로 중요하게 여기는 것은 책의 분위기입니다. 또한 저자나 주제의 균형을 생각해서 시간이 지나도 오래 남을 만한 책을 진열하고 있습니다."

계속 작은 책방을 운영하기를 원하는 오치아이 씨는 책방으로 가계를 꾸리기 위해 노력하고 있다. 책 외에도 맥주나 커피를 팔거나 판매대 일부를 임대하거나 다른 책방에서는 하지 않는 행사를 여는 등 다양한 시도를 하고 있다.

"특히 글쓰기 개인 레슨은 기자였던 제가 아니고서는 할 수 없는 일이겠지요."

책방의 이름 역시 책을 파는 것뿐 아니라 글을 쓰는 일도 소중히 여기는 마음에서 붙인 것이다.

오치아이 씨는 17세기 중반부터 18세기에 걸쳐 런던에서 유행했던 커피 하우스를 목표하고 있다. 커피 하우스란 귀족, 정치가, 상인, 문학자, 저널리스트 등이 모여 정보를 교환하는 장소다. 오치아이 씨는 21세기의 커피 하우스를 이곳에 만들고자 한다.

"지금도 사진가나 아티스트처럼 매장 운영에 관여해 주는 분들과 고객을 이어 줌으로써 새로운 일이 생겨나고 있어요. 이런 일을 좀 더 해 나가고 싶습니다. 하지만 사람이 모이려면 리딩 라이팅에서 무언가 재밌는 일이 일어날 거라는 생각을 심어 주어야겠지요. 그래서 이런저런 시도를 하려고 해요. 그러다 보면 오히려 어떤 일을 제안받기도 하고요. 멈추지 않고 계속 움직여야 다음으로 나아갈 수 있어요. 계속 노를 젓는 거죠."

아무리 성공한다고 해도 멈추지 않는다. 항상 달리면서 생각하고 행동하는 오치아이 씨는 아이처럼 생기가 넘친다. 전시를 해 주는 아티스트나 고객들처럼 책방과 관계를 맺는 사람들을 끌어모으면서 리딩 라이팅은 계속 진화하고 있다.

다양한 사람이 모여서
새로운 일이 생겨난다

1.내부가 훤히 들여다보이는 입구에서 검붉은 문을 열면 책에 둘러싸인 색다른 공간이 모습을 드러낸다.
2.계단을 통해 위로 올라가면 임대 판매대가 있다. 이곳에서 워크숍이 열리기도 한다. 다다미에 앉아서
느긋하게 책을 골라도 된다.

글을 읽는 일, 쓰는 일과
진지하게 마주하게끔 해 주는
책들이 늘어서 있는 공간

1-3. 내부 인테리어는 오치아이 씨가 기자 시절에 알게 된 건축가 시라이 히로마사(白井宏昌) 씨에게 부탁했다. 대학교수이기도 한 시라이 씨가 연구실 학생들과 함께 만들었다고 한다. 오치아이 씨는 "벽에 붙인 선반의 폭은 전부 다른데, 150장이나 되는 선반을 그들이 손수 잘라 주었어요."라고 말했다. 4. 일러스트레이터 다케다 아스카(竹田明日香) 씨의 작품을 사용한 리딩 라이팅의 포스터는 책방에서 살 수도 있다. 5-6. 이동식 책장은 도쿄 오기쿠보(荻窪)에 있는 타이틀(Title)이라는 책방의 책장을 만든 가구 제작자에게 부탁했다. 이렇게 개업하기 전에 방문했던 다른 책방을 참고한 부분도 많다.

[info] 도쿄도 다이토구 고토부키 2-4-7(東京都 台東区 寿 2-4-7) /도쿄 메트로 긴자선 다와라마치역에서 도보 2분 / tel 03-6321-7798 / 12:00~18:00 / 월요일 휴무

캣츠 미아우 북스
Cat's Meow Books

고양이와 책이 함께하는 책방

책과 고양이에게 은혜를 갚는다는 마음이 책으로 가는 입구를 만들다

시부야(渋谷)에서 전철로 두 정거장을 가면 산겐자야(三軒茶屋)역에 도착한다. 이 역에 내려 8분 정도 걸으면 한적한 주택가가 나온다. 그리고 그곳에 고양이가 함께하는 책방 캣츠 미아우 북스(Cat's Meow Books)가 있다.

책방 안은 전부 고양이 책으로 뒤덮여 있다. 캣츠 미아우 북스는 고양이 책 전문점인 동시에 고양이가 살고 있는 책방이기도 하다. 책방 안쪽의 미닫이를 열면 네 마리의 고양이 점원이 마중을 나온다. 전부 사람을 잘 따라서 책을 고르고 있으면 다리에 엉겨 붙는다. 마음이 평화로워지는 시간이다. 고양이 책으로 따로 코너를 만들거나 행사를 여는 책방은 많지만, 고양이 책만 진열하면서 진짜 고양이가 살고 있는 책방은 드물다.

이곳이 이렇게 된 것은 책방 주인 야스무라 마사야(安村正也) 씨가 지금도 기르고 있는 고양이 점장 사부로(三郎)와 만난 데에서 비롯되었다.

"예전에 살았던 아파트의 마당 앞에서 길고양이가 새끼를 세 마리 낳았어요. 그런데 이제 막 세상 빛을 본 새끼 고양이들을 두고, 어미 고양이가 없어진 거예요. 어떻게든 해 보려고 했지만, 제가 살던 아파트는 반려동물이 금지여서 키울 수 없었어요. 한 마리는 겨우 보호했지만, 나머지 두 마리는 죽고 말았어요. 그 일이 너무나도 후회스러워서 책방을 열려고 했을 때 그런 고양이들을 도와줄 장소로 삼겠다고 마음먹었죠."

야스무라 씨는 고양이 다섯 마리를 돌보면서 평일 낮에는 회사원 생활을 하고, 밤에는 책방에 나오며(낮에는 아내가 책방을 본다), 주말에는 낮에도 책방에 나온다. 고양이를 향한 깊은 사랑이 있기에 가능해 보였다.

물론 책을 사랑하는 마음도 강하다. 어린 시절부터 "책은 계속 사도 된다."라고 말하는 부모님 곁에서 자란 야스무라 씨는 타고난 책벌레였다. 책방에 갈 때마다 책을 샀는데, 급기야 고향 집의 마루가 무너질 정도였다.

하지만 책방에 뜻을 둔 것은 아주 최근이라고 한다. 그 계기는 7년 전에 참가했던 비블리오 배틀(biblio battle, 참가자가 돌아가면서 책 소개를 하고 토론한 뒤 가장 읽고 싶은 책을 투표로 정하는 이벤트—옮긴이)이었다. 책을 열정적으로 소개하는 데 빠져 많은 배틀에 참가하면서 좀 더 많은 책을 소개할 수 있는 책방을 열고 싶다는 마음이 들었다. 하지만 출판업계에 대해서는 전혀 몰랐다. 그래서 각지의 책방을 찾아다니고 책방에 관련된 강좌에 참석했는데 조사할수록 출판업계가 혹독하다는 것을 알게 되었다.

"그럴수록 나를 버티게 해 준 책과 고양이에게 은혜를 갚고 싶었어요. 괴로운 상황에 처한 책방과 곤란을 겪는 고양이가 서로 함께하는 책방을 열고자 했지요."

캣츠 미아우 북스는 고양이를 키워드로 책을 모으고 있는데, 고양이가 나오는 사진집이나 제목에 고양이가 들어가 있는 책뿐 아니라 한 줄이라도 고양이가 등장하면 고양이 책으로 보고 있다. 가령 고양이가 있다는 소리를 듣고 찾아온 손님이 "고양이가 나온다면 어디 한번 볼까?" 하고 책을 집어 들 수 있다. 그렇게 평소에는 책을 읽지 않는 사람에게도 책을 읽을 계기를 만들어 주는 것이다. 책을 좋아하는 사람도 고양이라는 관심사 덕분에 새로운 작가의 책으로 독서의 폭을 넓힐 수 있다.

"책으로 들어가는 입구 같은 책방이 되었으면 좋겠어요."

고양이와 함께 커피나 맥주를 마실 수도 있고 느긋하게 책을 고를 수도 있다. 책과 고양이를 깊이 사랑하는 마음으로 둘러싸인 캣츠 미아우 북스의 문은 오늘도 활짝 열려 있다.

창가에서 졸거나
재롱을 부리는
자유로운 고양이들과 함께 보내는
평온한 한때

잘 몰랐던 고양이 책,
고양이가 등장하는
의외의 책 등 새로운 발견이
기다리고 있다

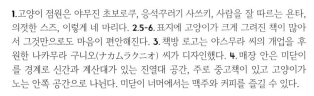

1.고양이 점원은 야무진 초보로쿠, 응석꾸러기 사쓰키, 사람을 잘 따르는 욘타, 의젓한 스즈, 이렇게 네 마리다. 2.5-6. 표지에 고양이가 크게 그려진 책이 많아서 그것만으로도 마음이 편안해진다. 3. 책방 로고는 야스무라 씨의 개업을 후원한 나카무라 구니오(ナカムラクニオ) 씨가 디자인했다. 4. 매장 안은 미닫이를 경계로 신간과 계산대가 있는 진열대 공간, 주로 중고책이 있고 고양이가 노는 안쪽 공간으로 나뉜다. 미닫이 너머에서는 맥주와 커피를 즐길 수 있다.

[info] 도쿄도 세타가야구 와카바야시 1-6-15(東京都 世田谷区 若林 1-6-15) / 도큐덴엔토시선 산겐자야역에서 도보 약 8분, 혹은 도큐세타가야선 니시타이시도역에서 도보 1분 / tel 03-6326-3633 / 14:00~22:00 / 화요일 휴무

시오리비
栞日

그 거리에 사는 이유가 되는 책방

누구나 자유롭게 지낼 수 있는 장소로 책방을 택하다

나가노현 마쓰모토시, 마쓰모토역에서 나와 국도 143호선을 따라 동쪽으로 10분 정도 걷는다. 관광지이기도 한 마쓰모토에는 여행의 근거로 삼고 싶은 책방, 시오리비(栞日)가 자리하고 있다. 시오리비를 단 한마디로 표현하기는 어렵다. 책방이지만 진(ZINE)이나 리틀프레스(little press)라고 불리는 독립출판물만 있고, 일반적인 책방에서 파는 책은 거의 두지 않는다. 게다가 활판 인쇄기까지 있다. 도대체 시오리비는 어떤 곳일까?

책방 주인 기쿠치 도오루(菊地徹) 씨가 시오리비를 시작한 데에는 뜻밖의 계기가 있다고 한다.

"사실 책방이 아니어도 됐어요. 학생 시절에 카페에서 일하면서 느낀 건데요. 손님에게 커피를 내어 드리고, 거기에서 긍정적인 효과가 생기고, 저는 돈을 받는 하나의 흐름 속에는 불행이 한 줌도 없었어요. 그때부터 지역 주민들이 집과 일터 말고도 안락하게 보낼 수 있는 장소를 만들고 싶다고 막연하게 생각했지요."

그런 생각을 품은 채 대학을 졸업한 후에는 마쓰모토에 있는 료칸(旅館, 일본의 전통적인 숙박 시설-옮긴이)에서 일했다. 그 후 나가노현 가루이자와에 있는 베이커리에서 수업을 받았지만, 다시 마쓰모토로 돌아와서 책방을 열게 되었다.

"학생 시절에 내 가게를 갖고 싶다고 생각한 후부터 갈 수 있는 범위 내에서 다양한 동네와 가게를 돌아봤어요. 하지만 딱 여기다 싶은 장소가 없었어요. 취직할 때는 장소에 별로 신경 쓰지 않는데, 첫 직장이 있었던 마쓰모토가 살기 편해서 이곳에서 가게를 하고 싶었죠."

그런데 막상 매장을 열려고 거리를 돌아봤더니 마쓰모토에는 이미 매력적인 가게가 많았다.

"그런 마쓰모토에서 새롭게 시작하려고 하니 무엇을 해야 할지 고민스러웠어요. 게다가 꾸준히 하려면 내가 좋아하는 일이어야 했지요. 그런 생각을 하다가 문득 내 곁에 항상 책이 있었다는 사실을 깨달았습니다. 그것도 독립출판물만."

마쓰모토에 일반 서점과 중고 책방은 있지만, 개인이 고른 책을 파는 매장은 없다는 것이 결정적인 이유가 되었다. 그래서 독립출판물을 진열하고 커피를 판매하는 현재의 스타일에 이르렀다.

2013년에 오픈했던 예전 가게는 갤러리로도 사용했는데, 그곳에서 전시를 했던 사람이 어느 날 "활판 인쇄기를 맡아 주지 않겠어요?"라고 제안해 왔다. 그것은 플래턴 T형(Platen T)이라고 하는, 공장에서 사용하는 대형 인쇄기였다. 흔쾌히 받겠다고 말했지만, 크기가 커서 예전 가게에는 들어가지 않았다. 그래서 현재의 책방으로 옮긴 것이다.

현재 매장은 예전과 비교해서 훨씬 넓고, 좌석 수도 많으며, 진열된 책도 많다. 안쪽이 훤히 비치는 입구에서 안을 들여다보면 얼핏 카페 같지만, 2층에 가면 한쪽 벽면을 꽉 채운 책장이 기다리고 있다. 적당한 위치에 난 창문에서 지나치게 밝지 않은 자연광이 들어와 기분을 좋게 한다. 그렇게 책장을 보고 있으면 어느새 시간이 흘러간다. 몇 권인가 손에 들고 1층까지 내려가 보았다. 기쿠치 씨가 "작은 목소리, 작은 규모의 책이야말로 진실을 담고 있어요."라고 말하며 책의 배경과 스토리를 이야기해 주었다.

마쓰모토라는 거리는 매력적이다. 근처에 미술관과 시민 예술관 등도 있어서 문화적인 성숙도가 높다. 맛있는 음식점도 많고, 자동차를 타면 온천도 갈 수 있다. 시오리비는 여행의 거점이 되는 곳이며, 어쩌면 이곳으로 이사하고 싶은 마음을 일으킬지도 모른다. 시오리비가 있기에 마쓰모토에 살고 싶다. 이 책방은 그렇게 생각하게 할 정도로 매력이 넘쳐 난다.

활판 인쇄기도
갤러리도
모든 것이 우연한 만남이었다

1. 이 공간은 디자인 유닛 메디카라(medicala)가 만들었다. 서랍장과 사과 상자 등 중고 목재를 활용한 책장이 놓여 있어 깊은 운치가 느껴진다. 2.4. 2층의 일부는 갤러리로 사용 중이다. 《산장 크눌프(山の家 クヌルプ)》를 테마로 삼는 등 다양한 전시가 열린다. 3. 책방 이전의 계기였던 활판 인쇄기 플래턴 T형은 매장 밖에서도 보이는 위치에 자리를 잡았다. 소형 활판 인쇄기와 납으로 만든 활자도 진열되어 있다. 기쿠치 씨는 앞으로 워크숍 등을 열어 활판 인쇄기 활용에도 도전해 보겠다고 한다.

우뚝 솟은
책의 성에서 보내는
특별한 하루

1-2.기쿠치 씨와 부인인 노조미(希美) 씨는 마쓰모토의 오래된 료칸 묘진칸(明神館)에서 근무하던 중 만났다고 한다. 노조미 씨는 이곳에서 몸에 좋은 음식을 제공해 주고 있다. 3.시오리비는 '책갈피의 날'이라는 뜻이다. '계속 흘러가는 매일에 살짝 책갈피를 꽂는 날, 있어도 없어도 상관없지만 있으면 기쁜 하루 속의 구두점'이라는 의미를 담았다. 4-7.일본의 독립출판물은 2011년 동일본 대지진 후에 늘어났다고 한다. 원조 격인 미국의 독립출판물은 '만들고 싶다'는 충동으로 만들어진 것이 많은 데에 비해 일본의 독립출판물은 '표현하지 않으면 사라진다'는 절실한 마음에서 많이 생겨났다.

작은 목소리,
작은 규모의
책이야말로
진실을 담고 있다

[info] 나가노현 마쓰모토시 후카시 3-7-8(長野県 松本市 深志 3-7-8) / JR 마쓰모토역에서 도보 약 10분 /
tel 0263-50-5967 / 7:00~20:00 / 수요일 휴무, 임시 휴업 있음

북스 & 카페 네이보
BOOKS & CAFE NABO

마을과 사람에게 다가가는 공간

책을 통해 사람이 모이고, 사람들이 만나서 무언가가 생겨나는 곳

2016년에 방송된 NHK 대하드라마 〈사나다마루(真田丸)〉의 무대인 나가노현 우에다시에는 사람들이 자연스럽게 모이는 장소가 있다. 우에다역 근처에 일찍이 홋코쿠카이도(北国街道)라고 불렸던 옛길이 있는데, 그곳에 자리한 북스 & 카페 네이보(BOOKS & CAFE NABO)가 바로 그 장소다. 오래된 주택을 이용한 북카페인 이곳은 예전에 종이 도매상이었다가 문구점으로, 다시 북유럽 가구점으로 모습을 바꾸어 왔다. 그래서인지 오래된 세월이 주는 깊은 역사가 느껴진다. 길과 맞닿은 벽은 한쪽 면이 유리문이라서 자연광이 눈부시게 쏟아지고, 여유 있게 배치된 자리가 높은 천장과 어울려 개방적인 느낌을 준다.

책장에는 인터넷에서 중고책 매매를 중심으로 기부 사업도 하는 밸류 북스(Value books)의 재고 200만 권에서 엄선한 책이 진열되어 있다. 구매 담당자 오노무라 미사토(小野村美郷) 씨는 읽었을 때 생활에 조금이라도 변화를 줄 만한 책을 선택한다고 한다.

"네이보에서 책을 읽거나 사서 밖으로 나왔을 때, 자신에게 뭔가 변화가 느껴지는 책을 진열하려고 해요."

생활, 음식, 아트, 문학, 그림책이라는 몇 가지 분야로 서가를 구성하는데, 진열하는 책은 오노무라 씨가 매일 조금씩 손을 대서 바꾸고 있다. 그 덕분에 매일 신선한 느낌으로 책을 접할 수 있다.

매일 이벤트를 여는 것도 네이보의 매력 중 하나다. 뜨개질 교실, 라이브 공연, 식사 모임, 심지어 이주자를 대상으로 우에다시의 맛있는 가게를 서로 추천하는 행사까지 열린다. 여기서 개최하는 이벤트의 특징은 대부분 고객이 제안해 온 기획이라는 것이다. 그래서 이벤트가 진행되는 사이에 친구가 되는 사람이 매우 많다고 한다.

매장 이름 네이보는 덴마크어로 '이웃 사람'이라는 의미다. 밸류 북스의 거점인 이 거리에서 사람들에게 이웃 같은 책방이 되고 싶다는 마음으로 매일 책방을 열고 있다고 한다.

"책방의 문을 연 지 3년이 지났는데, 주변에서 오시는 손님도 계시고, 일부러 먼 곳에서 방문해 주시는 분들도 늘어나고 있어요. 네이보의 장점은 뭐니 뭐니 해도 편안함이에요. 카페가 있어서인지 손님과 직원 사이에, 그리고 손님들끼리도 자연스럽게 커뮤니케이션이 생겨난답니다. 물론 말없이 자유롭게 책을 읽거나 그냥 멍하니 쉬는 분들도 계세요. 그렇게 손님들이 제각각 시간을 보내는 매장 풍경에 마음을 빼앗겨서 휴일에도 매장에 나올 정도예요."

오노무라 씨는 조용하게 이야기했다.

네이보는 기존의 책방과 모습이 전혀 다르다. 분명히 책은 팔고 있지만, 카페가 차지하는 부분도 크다. 그래도 책을 매개로 사람이 모이고, 만나면 무언가가 생겨난다. 실제로 네이보에서 열린 이벤트를 계기로 독립출판물이 만들어지기도 했다.

"살롱이라고 말하는 것은 지나친 표현일지도 몰라요. 네이보는 좀 더 자유롭게 누구라도 들어오기 쉬운, 마을 회관이나 지역 센터 같은 장소라고 생각해요."

만약 여러분이 우에다를 여행할 기회가 있다면, 혹은 우에다에서 살게 된다면 네이보에 꼭 가 보기 바란다. 그곳에는 내일 여러분의 이웃이 될 사람이 있을지도 모르기 때문이다.

1

깊은 역사가 담긴 공간에
빼곡하게 꽂힌 엄선된 책들

1-3.매장 2층은 다락 같은 공간으로 1
층을 내려다볼 수 있다. 대들보를 따라
서 독창적으로 만들어진 한쪽 벽면의 책
장은 둘러볼 가치가 있다. '뇌와 나와 의
식', '인류란', '일본의 소설가' 같은 표시
를 지표로 삼아 책을 찾는 재미도 쏠쏠
하다. 2층에는 음악, 영화, 여행 책 등도
있다.

1-2.1층에는 생활에 관련된 책이 많다. '꾸미기', '주변을 정돈하기', 'DIY' 등 독자적으로 책을 분류해 놓은 것이 이색적이다. 다만 서가와 책의 배열은 항상 바뀐다고 한다. 3.파트너십을 맺은 출판사의 중고책이 팔렸을 때 그 출판사에 이익이돌아가는 구조를 만들어서 운영중이다. 4.네이보는 '책을 판매한 다음에도 만나고 싶다.'라는 생각에서 생겨났다. 5-6.종이 도매상 시절의 간판을 그대로 살린 외관. 매장 안쪽으로 들어가려면 정면이 아니라 옆으로 들어가야 하므로 착각하기쉽다. 7-9.커피만이 아니라 수프, 빵, 케이크도 판매한다. 간식으로 가볍게 먹기 좋다. 매일 여는 이벤트 공지는 카운터 앞에 붙여 놓으므로 궁금한 것을 확인할 수 있다.

수다를 떨거나
책을 고르면서
각자의 시간을
보내는 장소

[info] 나가노현 우에다시 주오 2-14-31(長野県 上田市 中央 2-14-31) / JR 우에다역에서 도보 약 8분 /
tel 0268-75-8935 / 10:00~21:00 / 화요일 휴무

고토바야
コトバヤ

만들기를 좋아하는 사람이 만든 책방

자연스러움과 자유로움이 살아 있는 책방

고토바야(コトバヤ)는 만들기를 좋아하는 사람이 문을 연 책방이다. 책방 주인 다카하시 사토미(高橋さとみ) 씨는 고등학교를 졸업한 후 살고 있던 나가노를 떠나서 도쿄에서 페인트칠과 이사 도우미 등의 아르바이트를 전전했다. 그때부터 만드는 일이 좋아서 손수 만든 액세서리를 판매하기도 했다. 도쿄에서 일할 때도 현재 매장이 있는 나가노현 우에다시에 여러 번 다녀갔는데, 그 무렵부터 언젠가 자신의 가게를 열고 싶다는 마음이 생겼다고 한다.

2010년에 마침 기회가 찾아왔다. 고등학교 선생님이 "나가노에 돌아와서 일해 보지 않겠나?"라는 연락을 해 온 것이다. 일주일 만에 정해야 했지만 주저하지 않고 가기로 했다. 나가노에 돌아와 "우에다를 중심으로 중고책을 사고파는 밸류 북스와 함께 북카페를 만들려고 하는데 시작부터 맡아 주기 바란다."라는 요청을 받았다.

게다가 밸류 북스의 대표 이사 중 한 사람이 고등학교 동창이었는데, 도쿄에 있던 시절에도 사이가 좋았던 친구였다. 어찌 되었든 흥미가 생겨서 해 보기로 했다. 고토바야의 전신은 이렇게 탄생했다.

경영은 밸류 북스가 했지만, 운영은 다카하시 씨가 전부 맡은 채 5년 동안 책방을 꾸려 나갔다. 그 후 근처에서 밸류 북스가 운영하는 북스 & 카페 네이보가 생겨서 고토바야는 문을 닫을 처지였다. 하지만 다카하시 씨는 매장 이름을 그대로 이어서 2016년 4월 현재의 장소로 옮겼다. "밸류 북스를 비롯해서 많은 분의 노력으로 생겨난 매장이니까 계속하고 싶었어요. 게다가 고토바야를 시작하기 전부터 창업하고 싶다는 생각이 있었으니까요."

책방 이름을 계속 쓰는 것은 5년 동안 사용해 왔기도 했고, 책은 말(ことば, 고토바)로 이루어져 있기 때문이었다.

고토바야는 책방 주인 다카하시 씨 자체나 다름

없다. 물론 타이밍도 좋았고 인연도 있었지만, 자신의 감각을 믿고 행동력을 발휘해서 망설임 없이 뛰어들었다. 그렇다고 항상 심하게 열의를 불태우는 사람은 아니다. 한없이 자연스러운 모습으로 다른 사람에게 열린 자세를 보인다. 그렇기에 누구나 다카하시 씨에게 편하게 말을 걸 수 있는 것이다. 현재의 매장도 이웃이 소개해 주었다고 한다.

그렇게 만난 기회를 살려 스스로 만들어 나간 고토바야는 달리 대신할 것이 없는 존재로 바뀌어 갔다. 다카하시 씨는 자신의 손을 움직여 만드는 것을 좋아하는 사람이다. 단순한 '정성'이나 '자유'라는 말로는 표현할 수 없는 다카하시 씨만의 독창적인 느낌이 현재의 매장에도 오롯이 담겨 있다.

책방 안에 진열되어 있는 것은 주로 중고책이지만, 손수 만든 지우개와 소품, 손님이 가지고 온 물건도 많다. 때로는 고수풀이 팔리기도 했다고 한다. 잘못하면 어수선해질 수 있는 물건 진열이 매력적으로 보이는 것은 공간의 힘도 크다. 다카하시 씨는 알고 지내는 목수와 협력해서 내부 인테리어까지 손수 해냈다.

매장의 일부는 카페로 운영하는데, 수제 케이크도 팔고 있다. 계산대 옆 계단을 올라가면 2층에는 사무실 겸 만화 코너가 있다. 절반은 친구와 지인 한정의 숙소로도 사용 중이다. 마음이 맞으면 만난 지 얼마 안 된 사람에게 숙소를 내어 주기도 한다고 한다. 정말이지 다카하시 씨다운 자유로움이 묻어나는 공간이다.

고토바야는 만드는 일을 좋아하는 다카하시 씨의 성향이 가득 담겨 있다. 매사를 경쾌하게 만들어 온 그녀가 빚어낸 공기는 다른 누구도 대신할 수 없다.

문을 열고 안으로 들어가면
책도 잡화도 사람도
따뜻하게 맞아 준다

1-4. 옛날 길거리가 그대로 남아 있는 야나기마치(柳町)의 낡은 집을 리모델링해서 책방을 만들었다. 그림책, 어린이책, 생활 관련 책 등이 즐비하다. 안에는 산토리의 홍보지 〈위스키 보이스〉 등 흔하지 않은 물건도 있어서 어느새 책을 찾는 데 열중하게 된다.

자유롭게, 그럼에도
하나하나 정성껏
만들어진 것들로
들어찬 공간

2

1. 고객이 가져온 것 중에는 아크릴 수세미나 종이접기 등 중고 책방에 어울리지 않는 물건도 있다. 2-4. 다카하시 씨는 지우개 도장을 만드는 작가이기도 하다. 책방 영업 중에도 생기 넘치는 눈빛으로 도장을 만든다. 책방에는 지우개 도장을 뽑는 기계도 있는데, 계절마다 내용물이 달라진다. 다이쇼 시대(1912~1926)부터 이어져 내려온 오래된 영화관 '우에다 에게키(上田映劇)'에서는 티켓을 사면 다카하시 씨가 만든 도장을 찍어 준다. 이 도장의 무늬가 꽤 재미있어서 이것을 목적으로 가는 사람이 있을 정도로 인기가 좋다고 한다.

[info] 나가노현 우에다시 주오 4초메 8-5(長野県 上田市 中央4丁目 8-5) / JR 우에다역에서 도보 약 15분 /
12:00~18:00 / 비정기적 휴무

유레키 쇼보
遊歷書房

7평 공간에 펼쳐지는 넓은 세계

책방 안을 여행하고, 책 속을 여행한다

한 젊은이가 발길 닿는 대로 여러 나라를 여행했다. 그러다가 여행지에서 다치는 바람에 입원을 하게 되었다. 병원 침대에서 처음 손에 든 그 나라의 책은 여행만으로 알 수 없던 그 땅을 무엇보다 자세히 가르쳐 주었다. 지금으로부터 20년쯤 전에 네팔에서 있었던 일이다.

사람에게는 인생의 전환점이 되는 순간이 있다. 그것은 때때로 우연에 지나지 않는다. 유레키 쇼보(遊歷書房)의 주인, 미야지마 유타(宮島 悠太) 씨에게는 인생의 전환점이 고등학교를 졸업한 후 여행을 떠났던 네팔에서 찾아왔다.

이때의 경험을 바탕으로 지식의 세계에 흥미를 품기 시작한 미야지마 씨는 연구자를 목표하거나 서점에서 일하기도 하는 등 다양한 경험을 하다가 2011년 중고 책방을 열게 되었다. 유레키 쇼보는 '여러 나라를 두루 돌아다니며 역사를 즐기는 것'을 주제로 한 책방이다. 나가노현 나가노시, 일본을 대표하는 사찰 젠코지(善行寺)의 참배길에서 조금 안으로 들어간 곳에 이 책방이 자리하고 있다. 예전 비닐 공장을 리모델링한 곳인데, 천장이 높고 벽으로 나뉘어 있지만 전체적으로 넓은 건물이다. 책방은 그런 건물의 한쪽 공간에 자리를 잡았다.

문을 열고 안에 들어가면 먼저 중앙에 지구본이 눈에 들어온다. 그리고 천장까지 닿는 책장이 지구본을 에워싸는 듯이 있어서 압도적인 분위기를 자아낸다. 미야지마 씨는 지구본 안에 있는 느낌이 들도록 공간을 구성했다고 말했다.

그런 의도는 책장을 보면 확실히 느껴진다. 대만, 중국, 인도, 영국, 미국 등 전 세계 여러 나라에 관련된 책이 지역과 나라별로 빼곡히 진열되어 있다. 그 야말로 책으로 여행을 떠나는 공간이다. 이런 책장은 보고 있기만 해도 마음이 끌리는데, 미야지마 씨는 한 세대를 풍미한 전설의 책방 직원이 스승이었

다고 털어놓았다.

"대학을 졸업한 후에 서점 직원으로 7~8년 일했어요. 그때 스승 같은 분이 계셨는데 1980년대 도쿄 이케부쿠로의 리브로(LIBRO) 서점을 책 마니아들의 성지로 만든 이마이즈미 마사미쓰(今泉正光) 씨였어요. 어떤 책과 어떤 책을 함께 놓을 것인지, 어떻게 해야 책장을 매력적으로 꾸밀 수 있는지 알게 되었어요. 요즘 말하는 문맥 책장 같은 것이지요. 그 기술을 철저히 배웠습니다. 유레키 쇼보는 신간 서점이 아니라서 당시처럼 할 수는 없지만, 그때의 경험이 어딘가에서 살아 숨 쉬고 있을 거예요."

책장에는 인문서와 해외 문학이 많지만, 한편으로 만화나 문고본처럼 읽기 편한 책도 빠뜨리지 않고 갖추어 두었다.

"사람들이 책을 접하는 계기를 만들어 주고 싶어요. 책방에 가끔 오는 사람이 집어 들기 쉬운 책을 놓아두는 것은 그 때문이에요. 중고 책방이니까 중고 가격이 높은 책을 두는 게 나을 수도 있지만, 저는 그렇게 생각하지 않아요. 온라인 서점에서 1엔에 살 수 있는 책이라도 훌륭한 책이 많아요. 여기에서 그런 책과 만나기를 바라고 있습니다."

더 자세히 둘러보면 책장 안에는 상자로 포장된 전문서도 섞여 있어서, 대단하다는 느낌이 든다.

"읽기 쉬운 책을 진열하는 동시에 연구자의 기대도 채울 수 있는 물건을 갖추어 두려고 해요. 동네 책방이기도 하면서 동시에 전문가의 욕구도 채워 주는 매장이고 싶어요."

여행을 테마로 한 책방은 일본에 여러 곳 있지만, 유레키 쇼보는 그 어느 곳과도 다르다. 그것은 매장의 목적이 여행을 떠나는 사람을 위한 것이 아니기 때문이다. 여행은 유레키 쇼보 안에 있으면 할 수 있다. 이곳에는 전 세계가 한데 모여 있으므로 세상 어디든 갈 수 있다.

그 나라를
무엇보다 자세히
가르쳐 준 것은
책이었다

1

2

3

내키는 대로 여행하는 것처럼
책을 무작정 고르는 것도 즐겁다

1. 중앙의 지구본은 만져도 된다. 빙빙 돌리면서 흥미가 있는 나라나 지역을 찾았다면 주변 책장에서 관련된 책을 찾아보자. **2-3**. 매장에 들어와서 바로 오른쪽 책장에는 읽기 편한 만화와 소설 등이 진열되어 있다. 그곳에서 왼쪽으로 돌면 역사, 일본, 아시아, 유럽에 관련된 책이 진열되어 있다.《아즈미노(安曇野)》등 나가노에 관한 책도 많다. **4-6**. 유레키 쇼보의 문을 연 지 7년이 지났다. 중고책 세계는 경험하지 않았기에 시행착오를 겪으면서 책방을 계속해 왔지만, 미야지마 씨는 처음 문을 열 때 그려 왔던 것이 실현되었다고 말했다. 나가노를 재밌는 매장이 곳곳에 존재하는 동네로 만들고 싶었던 것도 책방을 시작한 이유 중 하나였다.

[info] 나가노현 나가노시 히가시마치 207-1 가네마쓰(長野県 長野市 東町 207-1 兼松) /
나가노 전철 나가노선 젠코지시타역에서 도보 약 7분 / tel 026-217-5559 / 11:00~19:00 / 월요일, 화요일 휴무

게이분샤 이치조지점
恵文社一乗寺店

교토의 이름난 책방에 부는 새로운 바람

유명 책방의 DNA를 이어받아 새로운 게이분샤 이치조지점을 만들다

교토의 로컬선 에이잔 전철에 몸을 싣고 이치조지 지역에 내린다. 근처에 관광지도 많지 않은 이곳에 1975년부터 지역 문화를 떠받쳐 온 게이분샤 이치조지점(惠文社一乘寺店)이 있다. 이곳은 이름만 대면 누구나 알 정도로 유명한 책방이다. 동네 책방의 규모라고 하기에는 꽤 넓은 곳으로 그만큼 많은 책과 잡화, 전시품을 만날 수 있다. 책장을 하나하나 살피다 보면 시간을 아무리 많이 잡아도 부족하다. 과장이 아니라 여기에 있다 보면 시간이 눈 깜짝할 새에 흘러간다. 그렇게 푹 빠지게 되는 책방이다.

매장은 4개의 공간으로 나뉘어 있다. 의식주에 관한 책과 그와 관련된 잡화를 판매하는 생활관, 갤러리와 문방구를 중심으로 한 앙페르(enfer), 매주 다양한 행사가 열리며 주방도 갖춘 코티지(COTTAGE), 그리고 책방의 대명사이기도 한 호리베 아쓰시(堀部篤史) 씨가 2015년까지 담당했던 서점 부문이다. 각각의 공간이 영향을 주고받으면서 게이분샤 이치조지점은 바쁘게 돌아가고 있다.

이처럼 다양한 얼굴을 지니면서도 게이분샤 이치조지점에 책방이라는 정체성이 잘 드러나는 이유는 책을 절묘하게 고르는 안목과 그렇게 사들인 책을 내용과 저자 등에 따라 유기적으로 진열한 책장이 있기 때문이다. 서점 부문을 호리베 씨에게서 이어받은 사람은 아직 젊은 26살의 가마타 유키(鎌田裕樹) 씨다.

가마타 씨는 게이분샤 이치조지점에 오기 전까지 고베의 기간 한정 책방에서 일했다. 그리고 고베의 책방이 문을 닫았을 때 마침 게이분샤 이치조지점에서 사원을 모집하는 것을 발견했다고 한다. 자신의 능력을 시험해 보고 싶어서 지원했고, 면접을 본 게이분샤의 사장이 고베에서 일하던 시절 구성했던 책장을 봐 주었다.

"아직 어리고, 미숙하고, 책을 잘 팔 것 같지 않지만, 성실함이 엿보이는 책장이라서 장래성을 보고 고용하겠습니다."

이렇게 채용이 정해졌다.

"그렇게 일하기 시작한 지 3년이 지났지만, 아직도 분발해야겠다는 생각만 들어요. 응원해 주시는 분이나 칭찬해 주시는 분도 있지만, 아직 부족하다는 건 스스로 가장 잘 알고 있어요. 함께 일하는 선배님도 잘해 주시지만 오히려 그분들을 초조하게 만들고 싶어요. 그것이 지금 제 목표예요."

게이분샤 이치조지점의 가장 큰 매력인 책장은 가마타 씨와 또 다른 한 사원이 중심이 되어, 다른 직원과도 의논하면서 만들고 있다고 한다.

"우리는 책장 담당이 없어요. 교대하다 보면 계산대에도 서고, 책장에도 손을 대요. 꽃에 물 주기부터 화장실 청소까지 모든 사람이 같이해요. 각자의 강점을 모아서 책장을 만들어 가고 있어요."

가마타 씨는 그렇게 겸손하게 이야기했지만, 최근 3년 동안 만족스러운 책장 구성이 안정적으로 유지되는 환경이 만들어졌다고 한다. 전보다 재밌어졌다며 인정해 주는 단골도 늘어났다.

"책방에 도움이 되는 일이라면 뭐든지 해 나가고 싶어요. 예를 들어 지금은 많은 분과 인연을 맺어 가는 것이 제 역할이라고 생각해요. 그것이 새로운 이벤트나 기획으로 이어져서 매장에 긍정적인 효과를 불러올 거예요."

위대한 전임자가 남긴 것을 이어받으면서도 자기 식으로 변형을 가하는 가마타 씨는 직원들과 함께 게이분샤 이치조지점을 꾸려 가고 있다. 이 유명한 책방은 앞으로 어떻게 되어 갈까? 게이분샤 이치조지점에는 지금 새로운 바람이 불고 있다.

교토의 변두리
어딘가 그립고
따뜻한 공간

책장을 보고 있으면
열중하게 되어
눈 깜짝할 사이에
시간이 흘러간다

1.교토 전역에서 개최되는 '교토그라피 국제 사진 축제(KYOTOGRAPHIE international photography festival)'에 맞추어 사진집 전시도 열린다. 지역 트렌드에 발을 맞추어 따라가는 것이다. 2. '컬러북스' 시리즈 등 일부 중고책도 있다. 3.5-6. 매장 입구에서 왼쪽에는 주변 지역을 소개하는 책이 진열되어 있다. 그중에는 대만의 일러스트레이터 판웨이가 교토를 그린 《손으로 그린 교토 일기(手繪京都日和)》도 있다. 오리지널 특전으로 일부가 번역된 책과 엽서도 동봉되어 있다. 4. 이벤트 공간 코티지와 갤러리 앙페르는 이 문을 열고 안뜰을 지나야 갈 수 있다. 7. 가마타 씨가 자신 있는 분야는 해외 문학이라고 한다.

1. 3-4. 가마타 씨는 한 책장에서 미국 문학의 역사를 어둠이라 표현하는 등 자기만의 방식으로 책장을 구성한다. 다른 직원이 구성한 것 중에서 특히 유명한 것은 환상 문학 책장이다. 신간을 취급하는 서점에서 이 정도로 책을 갖춘 곳이 없을 만큼 이 책장은 인기가 높다. 2. 게이분샤 이치조지점에서 만든 소책자 〈중고 책방이 제멋대로 고른 올타임 베스트 10〉에서 소개한 책을 전시하고 있다. 매장 곳곳에 이렇게 작은 전시장을 차려 두었다. 5. 코티지에서는 북토크 이벤트나 워크숍, 출장 카페 등 대외적인 행사가 열린다. 6. 벽돌로 쌓은 벽과 녹색 문, 게이분샤라고 쓰인 간판이 이 책방의 상징이다.

각각의 공간이
각각의 얼굴을
드러낸다

[info] 교토부 교토시 사쿄구 이치조지하라이토노초 10(京都府 京都市 左京区 一乗寺払殿町 10) /
에이잔 전철 이치조지역에서 도보 약 3분 / tel 075-711-5919 / 10:00~21:00 / 연중무휴(1월 1일은 제외)

엘브이디비 북스
LVDB BOOKS

오사카 아랫동네에 나타난 새로운 중고 책방

지금까지 만들어 온 문화를 지키겠다는 마음이 담긴 중고 책방

오사카 아랫동네 미나미타나베역에서 내린 뒤 주택가를 헤치고 들어가는 기분으로 뒷골목에 접어든다. 이런 곳에 정말 책방이 있을까 불안해질 무렵 엘브이디비 북스(LVDB BOOKS)가 나타난다. 미닫이를 드르륵 열면 평화로운 분위기가 감도는 공간이 기다리고 있다. 왼쪽으로 시선을 돌리면 한쪽 벽면에 책장이 보이고, 매장의 안쪽에는 안뜰이 펼쳐진다. 매장의 반은 갤러리로 사용할 수 있게 했는데, 책장을 빽빽하게 두지 않아서 공간이 여유롭다.

책방 주인 가미바야시 쓰바사(上林翼) 씨는 대학 시절 아르바이트를 하면서 음악 동아리와 도서관을 다니는 데에만 몰두해서 4년간 유급했고, 졸업 후에는 직장을 구하는 데 실패했다. 그 후 좋아하는 일만 하겠다고 다짐하고 과감히 이 책방을 열었다. 가미바야시 씨는 어릴 적부터 줄곧 책을 읽어 왔다. 인문서와 소설에 빠져서 "저 작가를 연구하는 이 사람의 책을 읽자."라고 줄기가 뻗어 나가듯이 다양한 책을 섭렵했다. 게다가 캄보디아에 레코드를 찾으러 갈 정도로 음악을 좋아하기도 한다.

"레코드 가게를 하고 싶기도 했지만, 어쩐지 책방을 잘할 것 같았어요. 꾸준히 책을 읽어 오기도 했고, 아직 개척되지 않은 분야가 있다는 생각이 들었거든요."

중고 책방을 선택한 것은 캄보디아에서 겪은 일 때문이었다. 그곳에 간 것은 좋았지만 원했던 레코드는 찾지 못했다. 폴 포트(Pol Pot) 정권에 의해 문화라고 불리는 것이 전부 말살되었기 때문이다.

"일본에 책방이 많다고 하지만, 문화는 국가가 마음만 먹으면 바로 파괴된다는 사실을 깨달았어요. 하지만 중고 책방이 살아 있으면 지금까지 쌓아 온 문화를 지킬 수 있다고 생각했지요."

엘브이디비 북스가 주로 취급하는 것은 문학과 철학, 그리고 영화, 음악, 사진, 요리, 그림책, 디자인 책이다. 5년 후, 10년 후에 읽어도 가치가 있을 만한 책을 진열하려고 한다. 설령 방문했을 때 원하는 책이 없어도 이 책방이라면 다음에 무언가 얻을 수 있지 않을까 하는 기대를 준다. 그렇게 신경 써서 책장을 꾸리고 값을 매긴 소중한 책을 손님에게 소개한다. 옛날 중고 책방 스타일이다.

책이나 책방을 좋아하지 않는 사람에게도 책을 팔고 싶어하는 가미바야시 씨는 그러기 위해서 고정 관념에 사로잡히지 않고 본질을 계속 생각한다. 책방을 이용하는 방법도 자신이 하고 싶은 일이 무엇인지 자문자답하면서 만들고 있다. 책을 판매하는 매장이라고 생각한다면 당연히 책장을 좀 더 들여놓고, 더 많은 책을 진열해야겠지만, 그렇게 하지 않는다. 뒷골목에 있는 이 책방은 책장과 안뜰과 전시, 모든 것이 혼연일체가 된 매장을 목표하고 있는 것 같다. 지금까지 없던 책방을 하고 싶다는 가미바야시 씨는 잡지나 인터넷만으로 이 책방의 정보를 파악하는 것은 충분하지 않다며 직접 방문해 달라고 말했다.

"잡지에서 봤을 때와 실제 매장에 왔을 때 느낌이 전혀 다를 거예요. 사람마다 느끼는 방식도 다를 테고요. 몇 번 오시는 분에게는 책을 추천해 드릴 수도 있습니다."

엘브이디비 북스에는 책을 좋아하는 마음이 듬뿍 담겨 있다. 들어본 적 없는 작가나 책이 자꾸 눈에 띄며 좀더 폭 넓은 책의 세계를 탐방할 수 있다. 그럼에도 목표하는 것은 다른 곳에 없는 책방이다. 옛날 그대로의 방식으로, 지금까지 없던 가치를 만들어 낸다. 그 싹은 이미 책방 속 여기저기에서 돋아나고 있다.

오래된 집을 고쳐 만든
중고 책방이지만
이곳에 흐르는 공기는
새롭다

옛날 그대로의 방식으로
지금까지 없던 가치를
만들어 내는 책방

1-3. 오래된 집의 형태를 남겨 놓고 책방으로 재탄생시켰다. 엘브이디비 북스에 놓인 책과 절묘하게 어울리는 공간이다. **4.** 2018년 4월에 현재의 장소로 옮겼다. 예전 점포에서는 공사장에 가설물을 설치하는 비계로 만든 튼튼한 책장이 특징으로 꼽혔는데, 새로운 책방에서도 똑같이 구성했다.

원하는 책이 없어도
이 책방에는
다음에 또 와도
좋겠다는
마음이 생긴다

1-2. 4-7. 대만의 사진 잡지 〈보이스 오브 포토그래피(Voices of Photography)〉 등 다른 매장에서는 보기 힘든 외국 서적, 잡지도 갖추고 있다. 일본에는 아직 알려지지 않은 아티스트를 소개하는 전시도 열린다. 한국의 책방 더 북 소사이어티(The Book Society)의 토트백을 취급하는 등 외국 손님도 고려한다. 3. 역사가 있고 옛 모습 그대로의 주택도 많은 다나베 지역은 조용하고 살기 좋은 곳이다. 스탠드 아사히(スタンドアサヒ)나 후단(fudan) 등 훌륭한 음식점도 많다. 가미바야시 씨는 "이 거리의 분위기가 좋아요."라고 말했다.

[info] 오사카시 히가시스미요구 다나베 3-9-11(大阪市 東住吉区 田辺 3-9-11) / JR 한와선 미나미타나베역 혹은 지하철 다니마치선 다나베역에서 도보 약 6분 / 12:00~20:00 / 월요일~수요일 휴무

1003

책으로 시작되는 만남의 고리

중고책에 친숙하지 않은 사람도 즐길 수 있는 중립적인 중고 책방

고베의 중심가인 모토마치 상점가를 벗어나서 조금 걸으면 새하얀 빌딩이 눈에 들어온다. 산뜻한 이 빌딩의 2층에 1003이라는 책방이 있다. 오쿠무라 지오리(奥村千織) 씨가 꾸려 나가는 이 매장에는 부드러운 햇살이 은은하게 들어온다. 창호 제작자인 오쿠무라 씨의 남편이 만든 책장에는 책이 여유롭게 진열되어 있다. 책을 소중히 생각하는 마음이 여실히 드러나는 중고 책방이다.

오쿠무라 씨는 전에 도서관 사서로 일했다. 다양한 도서관에 파견되어 일했지만, 어느 날 가족의 형편으로 히다다카야마(飛騨高山)로 이주하게 되었다. 그리고 1년 정도 생활했는데, 여러 만남을 통해 인생이 바뀌었다.

"계속 도서관이라는 조직 속에서 일해 왔는데, 히다다카야마에서는 독립적으로 거리에서 일하거나 상업 활동을 하는 사람이 많았어요. 그런 사람들과 만나다 보니 저도 혼자 힘으로 무언가를 해 보고 싶어졌지요."

마침 그 무렵에 나가노의 오부세에서 히토하코 후루혼이치라는 중고책 판매 행사를 접했고, 자신도 할 수 있겠다고 생각했다. 그래서 친구와 상담하는 동안 어느새 주최자 중 한 사람으로 중고책 판매 행사를 개최하게 되었다.

"판매 행사를 경험해 보니 책을 직접 손님에게 건네는 일이 굉장히 즐거웠어요. 이사 온 뒤 여러 사람을 만나면서 나이를 먹어도 계속할 수 있는 일을 하고 싶었는데, 책을 다루는 일이라면 계속할 수 있을 것 같았지요."

딱 그 시기에 사서를 그만두게 되어 본격적으로 책방을 열게 되었다고 한다. 오쿠무라 씨가 꾸리는 1003은 남녀를 불문하고 들어가기 편안한 분위기의 매장이다. 오쿠무라 씨가 고른 책과 남편이 설치한 내부 인테리어가 균형 있게 어우러지기 때문일 것이

다. 널찍한 창문에서는 햇볕이 내리쬐고, 높은 천장과 여유롭게 배치된 책이 안락함을 더한다. 커피나 맥주를 마시면서 유유자적 느긋하게 책을 고를 수 있다. 오쿠무라 씨는 내부 인테리어를 생각하면서 책장만 남편에게 주문했다고 한다. 모든 책장을 같은 높이로 맞추지 말고 대형 책도 넣을 수 있도록 다양하게 변형해 달라고 했다. 그 결과 선반과 선반 사이에 위아래로 여유가 있는 넉넉한 공간이 되었다.

"중고 책방을 하는 입장에서는 책 수량을 늘리고 싶기도 했지만, 책장에 빽빽하게 책을 꽂기보다는 여유롭게 진열해서 손님이 쉽게 책을 집어 들 수 있도록 하고 싶었어요. 게다가 저는 중고 책방에 관해 특별히 배운 것도 없어서 업계의 대선배 분들에 비하면 한참 부족해요. 그렇다면 평소 책방에 친숙하지 않은 분들이라도 즐길 수 있는 책방을 만들자고 생각해서 지금 같은 모습이 되었죠."

책장 안에는 문학, 술, 음식 책을 중심으로 인연이 있는 작가나 아티스트, 출판사의 책을 진열한다. 책을 고를 때는 언제나 본인이 읽고 싶은 책을 기준으로 삼고 있다.

"제가 읽고 싶은 책을 책방 안에 잔뜩 쌓아 둔 셈이에요. 어딘가의 책장에서 발견해서 계속 궁금했던 책이 자연히 모였어요. 그런 책들로 구성한 책장이랍니다."

책방을 시작하고 났더니 손님이나 전시 작가와 인연도 생겼고, 혼자서는 만나지 못했을 많은 책을 접할 수 있었다고 한다.

1003을 방문한다면 오쿠무라 씨에게 책 이야기를 들어 보는 것도 좋다. 즐거운 이야기가 끊이지 않는 오쿠무라 씨에게 매료되어 책으로 시작되는 만남의 고리에 자신도 들어가고 싶어질 것이다.

어딘가에서 마주쳤다
계속 궁금했던 책이
자연히 모여든 공간

책 하나하나에
만남의 이야기가 숨겨져 있다

(87쪽) 책방 안에서는 이
벤트도 열린다. 당시에는
수필가 야스다 겐이치(安
田謙一) 씨의 장서를 판
매하는 전시가 열렸다.
앤티크한 문을 리폼해서
만든 책상에 책을 진열
했다.

1.1003이 입점한 빌딩은 1층이 레스토랑, 3층이 커피 매장이다. 손수 만든 입간판이 표지가 되어 준다. 2-5. 매장을 시작한 뒤 손님이나 전시 작가와 인연이 생겨서 다루는 책도 늘어났다고 한다. 예를 들어 독립출판 잡지 〈사케비(酒眉)〉는 술 그릇을 제작하는 고요이도(今宵堂)가 1003에서 전시와 판매를 했을 때 인연이 닿았고, 잡지 〈재팬그래프(JAPANGRAPH)〉는 니시노미야(西宮)에 있는 카페 우란도(ウラン堂)와의 인연으로 연결되었다. 그 외에 고베와 관련이 있는 책도 진열한다. 취급하는 모든 신간에 만남과 얽힌 스토리가 있다. 6. 맥주를 좋아하는 오쿠무라 씨. 책방에서 팔고 있는 하트랜드(Heartland) 맥주는 맛은 물론이고, 귀여운 포장 때문에 들여놓았다.

[info] 효고현 고베시 주오구 사카에마치도리 1-1-9 토호빌딩 504호(兵庫県 神戸市 中央区 栄町通 1-1-9 東方ビル 504号室) / JR 한신 전철 모토마치역에서 도보 약 3분 / tel 050-3692-1329 / 12:00~19:00 / 화요일, 수요일 휴무

북스+고토바노이에
books+kotobanoie

한 달에 두 번만 여는 독특한 책방

책을 핑계로 가고 싶어지는 곳

오사카 시내에서 약 1시간, 전철에 몸을 싣고 이치노토리이역에 내려서 산 쪽을 향해 잠시 걸으면 단층 건물이 눈에 들어온다. 이곳에 위치한 북스+고토바노이에(Books+Kotobanoie)는 낮에 자동차 딜러로 일하는 가토 히로히사(加藤博久) 씨의 집이기도 하면서 책방으로 운영하는 곳이다. 한 달에 두 번만 여는 고토바노이에에는 가토 씨의 친구와 이웃들은 물론 먼 곳에서도 많은 사람이 찾아온다.

안에 들어가면 바람을 느낄 수 있는 개방된 공간이 확 펼쳐져 처음 방문한 사람은 놀랄 것이다. 여기에는 책장 이외에 벽이 없다. 건축가인 야베 다쓰야(矢部達也) 씨가 지은 이 집은 중심에 책장이 있고, 그 주변에 거실과 주방, 침실이 배치되어 있다. 창문을 활짝 열어 두면 테라스와 거실이 이어지는데, 책을 매개로 친밀한 시간을 보낼 수 있다. 밤이 되어도 그 시간은 중단되지 않는다. 영업시간이 끝난 뒤에 방문하는 손님도 있어서, 주인의 부인이 준비한 맛있는 음식을 먹으며 사람과 책, 그리고 사람과 사람이 만나서 이야기꽃을 피운다.

집을 설계한 야베 씨와는 자동차를 구입한 손님으로 만났다. 책을 매우 좋아한다는 점이 비슷해서 의기투합했고, 야베 씨가 벽면에 책장이 있는 집을 지어 주기로 했다. 그런데 완성된 집에는 아예 벽이 없는 대신 책장이 벽처럼 늘어서 있었다.

"처음에는 놀랐지만, 줄줄이 늘어선 책장을 보면 자꾸 빈틈만 눈에 들어와요. 그러면 책을 좀 더 사야겠다는 기쁜 마음이 들지요. 그렇게 이 집에서 살며 매일 책장을 바라보고 있다가 무심코 책방을 열면 어떨까 싶었어요. 이유는 모르겠지만 이 집이 그렇게 만든 것 같아요."

2007년부터 줄곧 자택을 책방으로 열고 있으니 꽤 특이한 책방이라고 할 수 있다.

"사실 책은 핑계 같은 거예요. 모두 이 공간을 구경하러 오거나 저를 만나러 와요. 친구라고 해도 아무 이유 없이 무턱대고 집에 놀러 가기는 쉽지 않잖아요? 제가 책방을 하니까 여러 사람이 편하게 이곳에 올 수 있지요."

그렇게 말하면서도 가토 씨가 책에 품은 애정은 남다르다.

"다른 책방과 다른 점이라면 이곳에 있는 책은 전부 제가 좋아하는 책이라는 거예요. 책방에 가면 책이 자신을 부르는 일이 있지 않나요? 제목이나 디자인이나, 나만이 알아차리는 무언가일 수도 있고요. 그렇게 만난 아름다움이 느껴지는 책을 진열하고 있어요."

책방에 좋아하는 책만 둔다니, 깔끔한 느낌이 있다. 하지만 그렇게 하면 책이 손에서 떠나는 것이 아쉽지 않을까? 가토 씨의 대답은 마치 벽이 없는 이 집처럼 열려 있었다.

"책을 팔더라도 이 책은 산 사람의 책장으로 이동하는 것일 뿐 변함없이 존재하잖아요. 어딘가 모르는 사람의 곁으로 간다고 하면 없는 것과 같지만, 이 집에 와 준 사람의 품으로 간다면 그것은 제 책장에 있는 것과 다름없지 않을까요?"

본업을 가지고 자택을 열어서 책방을 10년 이상 지속했다. 대단한 일처럼 생각되지만 가토 씨는 줄곧 자연스러워 보였다.

"책방도 본업도 전부 평등해요. 똑같이 내 생활 속에서 일어나는 일 중 하나일 뿐이죠."

만약 책방이라는 것이 특정 직업이 아니라 책 옆에서 살아가는 생활 자체라고 한다면 고토바노이에(말의 집)는 정말로 그것을 실현해 낸 장소다. 이곳에 오면 잠깐이라도 그 생활을 체험할 수 있다.

모든 벽이 책장으로 이루어진
고토바노이에에는
기분 좋은 바람이 나부낀다

1-2, 4-5. 가토 씨는 책의 외관이나 내용을 생각하면서 매일 밤 시행착오를 겪으며 책을 진열한다고 한다. 책 스타일리스트라는 직함으로 다른 공간의 책을 골라 줄 때도 있다고 한다. 신간이든 구간이든 가토 씨의 심미안으로 골라낸 책은 확실히 전부 아름답다. 3. 가토 씨와 이야기하거나 책장을 바라보고 있노라면 어디선가 고양이 점장 하레(ハレ)가 인사하러 와 준다.

"다녀왔습니다."라고 말하며
돌아오고 싶은 책방

1-6. 가토 씨는 고토바노이에에 가는 체험을 물건을 사러 가는 것이 아니라 교외로 나가는 소풍처럼 생각해 주기를 바랐다. "언젠가는 기부나 입장료로 이루어지는 책방을 만들고 싶어요. 손님에게 없어지면 안 될 공간이 되었으면 좋겠어요."라고 말했다. 그러기 위해서라도 사람들의 발길을 더욱 끌어당기는 콘텐츠를 생각하고 있다고 한다.

[info] 효고현 가와니시시 히가시우네노야마테 1-16-18(兵庫県 川西市 東畦野山手1-16-18) / 노세 전철 이치노토리이역에서 도보 약 6분 / 11:00~18:00 / 매월 2회 영업(상세한 내용은 홈페이지 참조 kotobanoie.com)

무시분코
(蟲文庫)

구라시키의 작은 생태계

중고책과 거북과 이끼, 모든 것이 공존하는 중고 책방

예전에는 텐료(天領)라고 하는 에도 막부(도쿠가와 이에야스가 1603년 에도에 세운 정권-옮긴이)의 직할지였으며, 지금도 옛날 거리가 그대로 남아 있는 구라시키의 비칸(美觀) 지구. 관광지이기도 한 이 지역의 변두리에 조용히 멈춰 선 것처럼 보이는 중고 책방이 있다. 다나카 미호(田中美穗) 씨가 운영하는 무시분코(蟲文庫)다. 운치 있는 짙은 갈색의 미닫이문을 활짝 열면 중고책이 풍기는 특유의 향기가 풍겨서 어쩐지 그리운 어린 시절이 떠오른다. 마치 이곳만 시간이 멈춘 듯하다.

책장 사이에는 지구본과 다육 식물이 옹기종기 놓여 있고, 유리장 속에는 광석이 진열되어 있다. 식물이나 동물을 주제로 한 책이 많고, 《이끼와 걷다(苔とある く)》,《거북의 비밀(亀のひみつ)》 등 다나카 씨가 쓴 책도 있다. 계산대의 안쪽 책상을 보면 이끼를 관찰하기 위한 현미경이 놓여 있고, 이따금 고양이가 찾아오는 안쪽 뜰에는 거북도 살고 있다. 이쯤 되면 여기가 동식물 연구실인지 갸우뚱해진다. 그렇게 생각하면서 책방을 둘러보면 많은 책이 있다는 사실을 깨닫고, 마침내 이곳이 중고 책방이라고 실감할 수 있다.

중고 책방 같지 않은 분위기와 관광지라는 위치가 더해져서 무시분코에는 평소 서점이나 중고 책방에 가지 않는 사람도 불쑥 들어오곤 한다. "여기가 책방인가요?"라고 묻는 사람도 있고, 어느 때는 아이 좀 봐 달라고 하는 사람조차 있다. 그래도 오랜만에 책 좀 읽어 보려는 듯한 손님이 책을 사는 경우가 많아서 다나카 씨는 "그럴 때 여기에 매장을 열어서 다행이라고 생각해요."라고 말했다.

무시분코는 1994년에 열었고, 2000년에는 지은 지 100년이 넘은 지금의 건물로 옮겼다. 여러 미디어에 소개되어 현재는 일본 전국적으로 유명해졌지만, 다나카 씨가 중고 책방을 시작한 이유는 "제가 가게

를 하려고 했을 때 할 만한 것이 중고 책방이었으니까요."라고 말했다. 그런 자연스러움 덕분에 이만큼 안락한 공간이 만들어졌을 것이다.

무시분코의 목표는 최선을 다해 책방을 유지하는 것이다. 다나카 씨는 중고 책방이나 출판에 관한 경험이 전혀 없는 상태에서 언제까지 할 수 있을지 불안했지만, 관두고 싶다고 생각한 적은 없다고 한다. 오픈 당시에는 아르바이트까지 하면서 매장을 유지했고, 무시분코만으로 먹고 살게 된 다음에도 이끼 무늬 토트백이나 북커버, 이끼 관찰 키트 등의 상품을 만들고 전시나 라이브 이벤트를 여는 등 매장을 유지하기 위해 아낌없는 노력을 쏟아부었다. 그런데도 담담하게 자신이 할 수 있는 일을 해 왔을 뿐이라고 말한다. 마침내 최근에는 중고책만으로도 책방 운영이 가능해졌다.

"인터넷 판매를 하면 어때요?"라는 조언을 받기도 했지만, 자기 자신의 성격을 생각하면 지금 방식으로 할 수 있는 데까지 해 보는 수밖에 없다고 한다. 다나카 씨의 이야기를 듣고 있으면 책방이라는 것은 상업 활동만이 아니라 그 사람의 인생 자체라고 생각하게 된다. 인생이므로 어지간한 일이 아닌 한 관둘 수 없는 것이다.

무시분코는 이상한 책방이다. 무엇이라고 콕 집어 표현하기가 어렵다. 굳이 표현하면 이끼와 거북처럼 수수하고 눈에 띄지 않을지 몰라도, 잘 보면 그곳에 우주가 펼쳐지는 그런 곳이다. 중고 책방이라는 말만으로는 부족하다. 책과 이끼와 거북, 그리고 책방 주인이 만든 아담하고 풍요로운 생태계가 이곳에 있다.

구라시키의 거리에 고요히
시간이 멈춘 듯 자리하고 있다

미닫이를 열면
표현하기 힘든
그리움이
밀려든다

1.4.책방에 들어가면 오른쪽은 문학, 왼쪽은 사회학, 아트, 지역에 관련된 책이 많다. 그 외에 구석구석까지 다양한 분야의 책이 있다. 다나카 씨가 좋아하는 CD도 있다. **2-3.**책방 안 구석에 살포시 놓인 선인장 등의 다육 식물. 개성은 강하지 않지만 확실한 존재감을 드러낸다. 그 정취가 책방의 분위기와 절묘하게 어울린다.

조용하게,
하지만 풍성하게 펼쳐지는
소우주

1. 다나카 씨는 《거북의 비밀》이라는 책을 냈을 정도로 거북을 매우 좋아한다. **2.** 안뜰에는 근처의 고양이가 놀러 오기도 한다. **3.** 다나카 씨는 처음 문을 연 이래 20년 이상 계산대에 앉아 책방을 지켜 왔다. 책방 운영은 물론 이벤트를 열고 이 끼나 거북을 주제로 꾸준히 글을 썼다. 그렇게 책방에 앉아 자기만의 우주를 계속 넓혀 왔다. **4-6.** 구석구석 들여다볼수 록 시간의 진행이 느리게 느껴진다. 무시분코의 시간은 이상하게 흐른다. **7.** 점균의 연구로도 유명한 생물학자 미나카타 구마구스(南方熊楠)의 전집이 계산대 위에 진열되어 있다. 중고 책방 점주로서, 또한 이끼 관찰자로서 큰 영향을 받았다.

[info] 오카야마현 구라시키시 혼마치 11-20(岡山県 倉敷市 本町 11-20) / JR 산인 본선 구라시키역에서 도보 약 20분 /
tel 086-425-8693 / 11:00 무렵~19:00 무렵 / 비정기적 휴무(홈페이지 mushi-bunko.com에 공지)

451북스
451Books

좋아하는 것으로 채운 공간

스스로 생각하고 스스로 만든 손길이 느껴지는 장소

오카야마시에서 자동차로 약 30분. 평온한 고지마(児島) 호숫가에 거친 분위기가 감도는 독특한 책방 451북스(451Books)가 있다. 네키 게이타로(根木慶太郎) 씨가 2005년에 시작한 책방이다.

창고 같은 외관에 놀라면서 안에 들어가면 먼저 눈에 들어오는 것은 나선 계단이다. 책방에서는 좀처럼 보기 어려운 구조이다. 계단에 놓인 그림책과 벽에 걸린 아트워크 등을 곁눈질하며 두근거리는 마음으로 2층에 올라가면 책이 비좁게 진열된 공간이 나타난다. 여기서 위를 바라보면 천장의 높이에 한 번 더 놀란다. 책이 빽빽이 들어차 있어도 탁 트인 느낌이 드는 것은 이 천장 덕분일 것이다.

즐거움을 주는 책, 세계관을 넓혀 주는 책을 진열한다는데, 주로 그림책이다. 그 외에 사진집이나 디자인 책, 독립출판물, 논픽션과 SF도 있다. 자신이 좋아하는 책만 두는 것은 책을 좋아하는 사람이라면 누구나 꿈꾸는 스타일이다.

책방 주인 네키 씨는 "활자가 좋아서 주변에 있는 것이라면 전단지든 설명서든 뭐든지 읽어요."라고 할 정도로 활자 중독이다. 책을 지나치게 사는 바람에 더 꽂을 데가 없어 집을 완전히 메울 정도가 되자 해결책을 찾아야 했다. 그럴 때 기타오 도로(北尾トロ)의 《나는 온라인 중고 책방 주인(僕はオンライン古本屋のおじさん)》을 읽고 인터넷에서 책을 팔자고 마음먹었다. 그래서 3년 정도 회사 생활과 인터넷 중고 책방 활동을 한꺼번에 했다. 21년 동안 지역 기업에서 주택 설계를 하고 전문학교의 강사도 했는데, 어느덧 회사나 학교의 방침에 맞출 수가 없어서 관두기로 했다.

"그때는 인터넷 중고 책방도 잘되었기 때문에 과감히 저의 집 일부를 책방으로 개조해서 451북스를 만들었죠."

이 멋진 건물이 자택이라는 사실만으로도 놀랍지만, 네키 씨가 직접 설계했다는 것이 더욱더 놀랍다. 기술자의 솜씨가 눈에 보이도록 짓는 데에도 신경 썼다. 예를 들어 2층의 천장에 있는 격자는 콘크리트에 강도를 더할 때 사용하는 철근이다. 보통은 콘크리트 안에 묻혀서 도장을 하지 않지만, 기술자에게 일부러 칠하도록 했다. 스스로 디자인한 나선 계단도 전문가의 손길로 완성된 것이다.

"표면상의 아름다움이나 효율을 우선하기보다 소재가 느껴지는 재료를 사용해서 정성껏 지었어요."라고 네키 씨는 이야기했다. 이렇게 451북스에는 네키 씨의 취향이 반영되어 있다. 그리고 그런 장소를 13년 동안 지키고 있다. 이곳에서는 내가 좋아하는 것을 팔면서 생활을 유지해 가겠다는 굳은 의지 같은 것이 느껴진다.

'어른을 위한 그림책 강좌'나 '아는 것부터 시작하자'라고 이름 붙인 이벤트 등도 지인의 카페에서 정기적으로 개최하고 있다. 한나 아렌트(Hannah Arendt)의 《전체주의의 기원》이 지금 다시 주목받는 것을 보고, 인기투표만으로 판단하는 대중 사회가 아니라 모두가 스스로 생각하고 만들어 가는 시민 사회가 될 필요를 느낀다고 한다.

"책방에 와 주셔도 좋고, 이벤트에 와 주셔도 좋아요. 책을 읽고, 지식을 쌓으면서 자신이 생각하는 즐거움을 찾으시기를 바라요. 451북스가 그 계기가 된다면 기쁠 거예요."

나선 계단을 올라가면
책이 가득 찬 공간이
기다리고 있다

거친 느낌의 공간이기에
더 눈에 띄는 책들

1.나선 계단을 올라가면 2층까지 이어지는 책장에 저절로 손이 간다. 저도 모르게 손에 넣고 싶어지는 표지의 그림책이 진열되어 있다. 2.매장 이름은 미국의 과학 소설 작가 레이 브래드버리(Ray Bradbury)의 《화씨 451도》에서 따왔다. 3-4.1층의 벽은 건축 현장에서도 사용되는 패널이다. 거친 소재 위에 걸어 놓으니 작품이 더욱 빛을 발한다. 네키 씨의 집은 이 벽의 뒤쪽에 있다. 5-7.그림책이 많은 것은 아이도 어른도 즐길 수 있을 만큼 영역이 폭넓고, 작품이 창작된 배경을 알면 더 깊게 즐길 수 있기 때문이다. 8.독립출판물이나 SF 등 텍스트가 많은 책은 2층 안쪽에 진열한다. 헤치고 들어가야 할 정도로 깊숙한 곳에 책의 세계가 펼쳐져 있다. 일부 책장을 임대하고 있기 때문에 다른 시점에서 소개하는 책도 즐길 수 있다.

[info] 오카야마현 다마노시 하치하마초 미이시 1607-5(岡山県 玉野市 八浜町 見石 1607-5) / JR 오카야마역에서 특급 버스로 약 30분, 미이시에서 하차 후 도보 1분 / tel 0863-51-2920 / 토요일, 일요일, 월요일, 공휴일 12:00~18:00 영업 / 평일은 예약제

책과 음악
시헨
本と音楽 紙片

진지하게 마주하기 위한 장소

책을 만드는 사람과 사는 사람 모두에게 도움이 되고 싶은 책방

마치 뱀장어의 둥지처럼 안쪽으로 길쭉한 상가를 리모델링해서 만들어진 '뱀장어의 잠자리'라는 게스트 하우스가 있다. 그 건물에서 안쪽 깊숙한 곳까지 이어지는 긴 복도를 곧장 나아가면 시간이 멈춘 듯한 환상적인 공간과 만날 수 있다. 책과 음악 시헨(本と音楽 紙片)은 책방 주인 데라오카 게이스케(寺岡圭介) 씨가 책과 음악과 만나기 위해 혼자 만들어 낸 공간이다.

"처음에는 애니메이션 〈바람 계곡의 나우시카(風の谷のナウシカ)〉에서 나우시카가 몰래 부해의 식물을 키우는 작은 방을 떠올렸어요. 지금은 처음 문을 열었을 때와 모습이 꽤 달라졌지만……."

이런 말을 하면 자신만의 세계를 주관적으로 만들어 낸 듯하지만, 데라오카 씨는 그렇지 않다고 했다.

"시헨에서는 책과 CD를 다루면서 가끔 전시도 하고 있는데, 그저 책이 깨끗하게 보이도록, 음악이 깨끗하게 들리도록, 전시가 잘 보이도록 하려는 마음으로 공간을 만들고 있어요. 예컨데 전시별로 내부 인테리어가 바뀌는데, 어떻게 해야 작품이 사람들에게 잘 보일지 최선을 다해서 고민하기 때문이에요. 사실 원래는 책방 안에 창문이 있었는데, 어느 전시를 할 때 작품을 걸 벽이 부족해서 막았어요. 만약 필요해지면 되돌리면 되니까요."

그렇게 상대하는 작품과 사람을 진지하게 마주하려고 한다. 아티스트들도 그 마음에 부응해 준다. 시인 이케다 아야노(池田彩乃) 씨가 쓴 시집 《시헨(詩片)》은 책방 시헨의 1주년 기념 전시에 맞춰 만들어졌다.

책장에 진열된 것은 전부 신간으로 예술, 디자인, 그림책, 시집이 많다. 주로 신간을 다루는 것은 책을 만드는 사람과 사는 사람의 중개인 같은 존재가 되어 양쪽 모두에게 도움이 되고 싶다는 생각 때문이다. 그렇게 좋은 책을 일일이 골라 진열하고 있다.

"책을 저 혼자서 고른다고 생각하지 않아요. 시헨에 와 주시는 손님의 얼굴을 떠올리면서 '그분은 이 책을 좋아하지 않을까?' 하는 생각으로 고르고 있어요."

시헨은 데라오카 씨가 어린 시절에 다니던 책방과 CD 가게에서 영감을 얻었다.

"동네에 작은 책방과 음반점이 있었는데, 자주 가서 책도 사고 CD도 사곤 했어요. 좋아하는 책방은 많지만, 가장 영향을 받은 것은 그때 다니던 책방과 음반점일지도 몰라요."

데라오카 씨는 매일 손님을 한 사람 한 사람 정성껏 대하고, 아티스트와 인연도 소중히 한다. 그렇게 책방을 계속 꾸리면서 "한 권의 책과 같은 책방이 되고 싶다."라고 말했다.

"여기에는 두 가지 의미가 있어요. 책은 읽기 시작할 때까지 뭐가 쓰여 있는지 모르잖아요? 읽어 보면 재밌을 수도 있고, 사람에 따라 맞지 않기도 해요. 하지만 그곳에는 하나의 세계가 있어요. 그런 추상적인 의미로서의 책. 또 하나는 표지, 책등, 그리고 재미까지 여러 가지 요소가 한데 모인 물질적인 의미로서의 책. 양쪽 모두 책이라고 할 수 있죠. 지금까지도 그래 왔지만, 앞으로도 그런 책과 같은 책방을 하고 싶어요."

시헨에는 그런 데라오카 씨의 마음이 넘쳐 나는 듯하다. 책과 음악을 위한 작은 방, 시헨은 분주한 여행의 도중에 불쑥 찾아가 호흡을 고를 수 있는 장소다.

한 권의 책과 같은
책방이 되겠다는
마음가짐을
앞으로도 간직하려고 한다

분주한 일상의 틈바구니에
불쑥 찾아가 호흡을 고르는 곳

1-2. 책방에 들어가려면 텐트 속을 지나야 한다. 마치 이상한 세계에서 헤매는 것만 같다. 3. 책방의 로고에도 있는 오브젝트가 살며시 놓여 있다. 개업할 때 목공예 작가인 간자키 유리(神崎由梨) 씨가 만들어 주었다. 4. 바깥 통로에서 건물로 들어와 분위기 있는 길다란 복도를 잠시 걸으면 책방에 도착한다. 5. 책을 읽을 때 방해하지 않으면서도, 그 자체에 깊은 정취가 느껴지는 CD를 진열하고 있다. 오리지널 앨범 〈시헨〉을 2017년 9월에 발매했다. 6-7. 데라오카 씨는 사 놓은 책이 많지 않다고 말했지만, 책방에 놓인 책들은 모두 엄선된 훌륭한 것들이다.

[info] 히로시마현 오노미치시 쓰치도 2-4-9 아나고노네도코노니와노오쿠(広島県 尾道市 土堂 2-4-9 あなごのねどこの庭の奥) / JR 오노미치역에서 도보 약 12분 / 11:00~19:00 / 목요일 휴무

니주dB
弐拾dB

한밤중 책의 소리에 귀를 기울이다

하야시 후미코(林芙美子)의 《방랑기》나 시가 나오야(志賀直哉)의 《암야행로》에서도 그려졌던 문학의 거리 오노미치(尾道)에 심야에만 문을 여는 중고 책방이 있다. 그 이름은 니주dB(弐拾dB)다. JR 오노미치역에서 조금 걸으면 나오는 골목에 자리한 아담한 책방이다. 영업시간은 밤 11시부터 새벽 3시까지. 심야에만 문을 여는 이유는 매장을 열게 된 과정을 살펴보면 알 수 있다.

책방 주인 후지이 모토쓰구(藤井基二) 씨는 오노미치의 이웃 마을, 후쿠야마시에서 태어났다. 고등학교 시절에 호감이 있던 여자아이에게 차인 뒤로 문학에 심취해서 일본의 근대 문학을 섭렵했다고 한다. 교토의 대학에 진학해 문학부에서 시인 나카하라 주야(中原中也)를 연구했지만, 졸업한 후에 고향으로 돌아와서 오노미치의 게스트 하우스에서 일하게 되었다. 오노미치와 맺은 인연은 여기에서 시작되었다.

어느 날, 자주 가던 카페의 주인이 "가게 하나 해 보지 않을래?"라고 물었다. 갑작스럽다고 생각할지 모르지만, 젊은이들이 빈집을 이용해서 카페나 갤러리를 가볍게 여는 것은 오노미치에서 흔한 광경이었다. 후지이 씨는 이렇게 대답했다.

"한다면 책방이 좋겠어요."

그때부터는 일이 순조롭게 진행되어 현재의 책방을 빌릴 수 있었는데, 게스트 하우스의 일을 관둘 생각은 없었다. 그러려면 근무 시간인 저녁부터 밤 사이에는 책방을 열 수 없었다. 아침부터 점심까지 열거나 아예 한밤중에 영업을 해야 했다. 후지 씨는 망설이지 않고 심야에 책방을 열기로 했다.

"24시간 영업하는 곳을 제외하고, 새벽 3시까지 여는 서점은 거의 없어요. 특히 도쿄가 아니라 오노미치에서 개인 상점이 심야 영업을 하다니, 정말 흥미롭지 않나요?"

확실히 심야에 영업 중인 중고 책방을 발견하면 헤아릴 수 없는 흥분이 느껴질 것이다. 원래 비뇨기과였던 병원을 리모델링한 책방은 여기저기에 책이 진열되어 있고, 진료실이었던 곳에는 소파와 의자까지 있어서 편안하게 책을 고를 수 있다. 진열된 책은 문학부터 실용서까지 다양하다. 그중에는 제목을 오른쪽부터 왼쪽으로 읽어야 하는 오래된 중고책도 진열되어 있어서 멋이 있다. 그런가 하면 신간도 놓여 있다.

"중고책만 놓아두면 죽은 사람의 목소리만 듣게 되니까요. 지금을 살아가는 사람의 책도 놓아두어야죠."

책을 고르는 기준은 손님이 원하는 것이다. 그 속에 진심으로 팔고 싶은 책을 섞어 두었다.

본래 홍등가였던 길 건너 술집 거리에서 가끔 취객이 건너와 소파에서 잠을 자기도 한다고.

"자는 사람을 깨울지 말지는 그 사람을 보고 판단하는데, 사실 자고 있는 사람이 풍경이 되어 재밌을 때가 있어요. 그럴 때는 담요를 덮어 줘요. 이렇게 안에서 잘 수 있는 책방은 없을 거예요."

후지이 씨는 즐거운 듯이 이야기했다.

"조용할 때도 있고, 손님과 이야기하는 데 열중할 때도 있어. 하지만 거짓말을 하지 못해서 가끔 손님과 언쟁을 벌이기도 하고……."

만담을 좋아한다는 후지이 씨는 경쾌한 말투로 그렇게 이야기했다.

"사실은 죽을 때까지 계속하고 싶지만, 그렇게 생각하면 너무 막연해서 일단은 10년 동안 해 보자고 마음먹었어요. 매장을 시작한 것이 23살이었으니 33살까지네요."

성실함과 장난기를 함께 지닌 후지이 씨가 운영하는 심야 책방, 니주dB. 오노미치에서 밤을 보낸다면 꼭 가 봐야 하지 않을까?

심야에 찾은 오노미치에서
신기한 빛에
이끌리다

1. 책방 이름 니주dB(20데시벨)는 나뭇잎이 흔들리는 소리처럼 보통은 들리지 않지만 귀를 기울이면 들리는 소리라는 의미에서 따왔다. 책의 소리나 목소리에 귀를 기울이고 싶다는 후지이 씨의 생각이 담겨 있다. **2-3.** 깊은 밤, 상점가에 불을 켠 매장이 있다. 신기한 마음에 안쪽으로 들어가면 꿈만 같다는 말이 퍼뜩 떠오른다. 눈이 번쩍 뜨이는 기분이 든다. **4-5.** 빈집을 청소하거나 불필요한 물건을 맡는 동안 책이 자연히 모였다고 말하는 후지이 씨.

4

5

귀를 기울이면
작지만
확실하게 책의 말이
들려온다

전에 병원이었던 흔적이
남아 있는 매장에서
책과 함께 보내는
진한 시간

1.예전 진료 접수처를 계산대로 이용하고 있다. 계산에는 예전에 약을 재는 데에 썼던 저울을 사용한다. '책=말'과 '돈'을 저울에 다는 재치 있는 대응. 독창적인 약봉투 북커버에 책을 포장해 준다. 2.진자시계나 라디오 카세트 등 세월이 느껴지는 소품이 곳곳에 놓여 있다. 3.지금은 찾아볼 수 없는 성냥갑. 레트로 디자인이 귀엽다. 4.책방 앞 시계는 후지이 씨가 책방에 있는지 없는지 등을 나타낸다. 5.후지이 씨가 일본 근대 문학에 열중하게 해 준 다자이 오사무(太宰治)의 사진이 장식되어 있다. 후지이 씨는 나카하라 주야의 시집을 읽고, 그가 심취했던 다다이즘의 시와 아방가르드 예술에 심취했다고 한다.

[info] 히로시마현 오노미치시 구보 2-3-3(広島県 尾道市 久保 2-3-3) / JR 오노미치역에서 도보 약 17분 /
평일 23:00~27:00, 주말 11:00~19:00 / 목요일 휴무

리단 디트
READAN DEAT

문화를 되찾는 책방

지역의 문화 교류 장소가 줄어드는 데 분노하여 시작한 책방

'이 지역에 문화를 교류하는 장소를 되찾고 싶다.'
그런 뜨거운 마음으로 시작한 책방이 리단 디트(READAN DEAT)다. 히로시마현 히로시마시, 창밖으로 히로시마 평화 기념관이 보이는 오래된 빌딩에 자리한 이곳에는 책과 그릇이 있다. 낯선 매장의 이름은 '책=READ'와 '그릇=EAT'를 AND로 묶은 뒤 한 번 비틀어 만들었다. 책과 그릇은 흔하지 않은 조합인데, 책방 주인 세이마사 미쓰히로(清政光博) 씨가 그릇을 다루기로 결정한 것은 그저 좋아서라고 한다.

세이마사 씨가 책방을 열고자 굳게 다짐한 것은 30살 때다. 도쿄의 디자인 회사에서 일하면서도 자신의 장래를 걱정하며 괴로운 시간을 보내고 있었다. 그러던 어느 날 학창 시절에 다니던 리브로 히로시마점이 폐점했다는 것을 알았다. 당시 히로시마에는 외국 서적이나 독립출판물을 다루는 유일한 책방이 리브로 히로시마점이었다고 한다.

"폐점했다는 사실을 알았을 때는 슬프기보다 이 지역에서 문화를 교류하는 장소가 줄어든다는 것에 분노를 느꼈어요. 그렇다면 스스로 만들어야겠다고 생각했지요."

반년 후 회사를 관두고 마침 직원을 모집하던 시모기타자와의 유명 매장 비앤드비(B&B)에서 인턴으로 일하면서 이벤트 운영과 책을 고르는 노하우를 배우고 인맥을 쌓았다. 같은 시기에 빠른 속도가 요구되는 역 안의 서점에서 일하며 혹독한 경험도 쌓았다. 회사를 관두고 2년 후인 2014년에는 마침내 만반의 준비를 하고 리단 디트를 오픈했다.

"책방을 시작한 뒤 4년 정도 지났는데, 기획을 제안해 주시는 분들도 많아서 다양한 전시나 이벤트를 개최해 왔어요. 그런 영향인지 리단 디트가 있어서 다행이라고 말해 주시는 손님도 늘어나고 있고요. 하지만 아직 부족한 점도 많고 책방의 존재를 모르는 사람도 많아요. 사실 이곳 같은 문화 교류의 장

소가 히로시마에 좀 더 늘어나기를 바라고 있어요."

리단 디트에는 아티스트가 개인적으로 출판한 작품집이나 지방 잡지, 사진집과 외국 서적 등이 진열되어 있다. 책이 빽빽하지는 않지만 "이런 책이 있었나?" 하고 많은 발견을 할 수 있는 책장으로 구성했다. 특히 독립출판물은 손님이나 전시해 준 아티스트의 소개로 들여놓는 일도 많다. 이 책방에는 쓸모가 있다거나 유행하는 책은 별로 없다. 좀 더 순수하고 삶을 풍요롭게 하는 책이 놓여 있다.

그리고 매장의 한구석에는 매일 사용하고 싶어지는 수제 그릇이 진열되어 있다. 그저 좋아해서 가져다 놓기로 했지만, 실은 매장을 시작하기까지 그릇에 대해서는 아마추어였다. '좌우간 부딪쳐 보자.'라는 정신으로 처음 문을 열었을 때는 좋아하는 작가에게 직접 연락해서 부탁했다고 한다. 거절당하기도 했지만, 책방의 콘셉트나 이미지에 흥미를 보이는 몇 명의 작가에게 협력을 받아 힘겹게 꾸려 왔다. 그랬던 세이마사 씨가 지금은 손님에게 술술 그릇에 대해 설명을 하고 있다.

"그릇의 유약이나 흙, 만드는 방법 등 자세한 것에 대해서는 작가 분에게 직접 듣고 있어요. 아직 공부 중이에요."

이렇게 겸손하게 이야기했다.

다음 목표는 리단 디트의 이름으로 책을 내는 것이다. 출판사 수준으로 작가의 작품집을 만들고 싶다고 한다. 히로시마에 계속 문화의 씨앗을 뿌리는 리단 디트의 움직임은 점차 빨라질 것이다.

생활을 풍요롭게 물들이는
책과 그릇이 모여드는 곳

히로시마를
이야기할 때
빼놓을 수 없는,
문화의 씨앗을
계속 뿌리는 책방

1. 책방 안, 유리에 둘러싸인 곳은 갤러리 공간이다. 커다란 창문에서는 빛이 반짝이며 들어와서 작품을 빛나게 한다. **2-3.** 자연스럽게 책의 해설이 위로 톡 튀어나와 있다. 기존 책의 틀에 들어가지 않는 독립출판물을 다루는 책방이라 가능한 배려. **4-5.7.** 디자인, 아트, 문학, 민예, 건축, 패션 같은 분야의 책이 진열되어 있다. "사진집이나 아티스트의 작품집 등 심혈을 기울여 만든 매력적인 책을 손에 넣을 수 있는 장소이고 싶다."라고 말하는 세야마사 씨. **6.** 문방구, 수건, 캔들 등 생활잡화도 다룬다. 사진의 수건은 리틀봇코(littlebodco) 상품이다.

[info] 히로시마현 히로시마시 나카구 혼카와초 2-6-10 와다빌딩 203(広島市 広島区 中区 本川町 2-6-10 和田ビル 203) / 히로시마 전철 혼카와초역에서 도보 약 1분 / tel 082-961-4545 / 11:00~19:00 / 화요일 휴무

북스 큐브릭

하코자키점

ブックスキューブリック箱崎店

지역의 개성을 널리 알리는 곳

중요한 질문을 던지고, 멈춰 서서 생각하는 장소

후쿠오카현의 중심지 하카타(博多)역에서 두 정거장, 하코자키(箱崎)역에서 걸어서 바로 근처에 있는 책방 북스 큐브릭 하코자키점(ブックスキューブリック箱崎店). 책방 운영이 점점 힘들어지고 있지만, 직접 책을 골라 진열하는 방식으로 17년 동안이나 규슈를 대표하는 책방으로 자리 잡았다.

만화를 제외하고 거의 모든 분야를 다루고 있다. 잡지와 실용서가 진열된 일반적인 책방이면서 문학, 사회, 사상처럼 책을 좋아하는 사람들이 원하는 책도 확실히 갖추어 두었다. 게다가 작은 출판사의 책과 독립출판물까지 있다. 이런 책을 고르는 사람은 책방 주인 오이 미노루(大井実) 씨다.

책방이자 빵집이기도 한 이곳에 들어가면 먼저 향긋한 빵 냄새가 코를 자극한다. 2층에 있는 공방에서 매일 아침 손수 빵을 만든다고 한다. 다양한 책방이 있다고 해도 빵을 그 자리에서 구워 판매하는 책방은 거의 없을 것이다. 2층에는 카페와 갤러리도 함께 운영 중이라서 갓 구운 빵과 드립 커피를 책과 함께 즐길 수 있다. 눈에 띄게 멋지다고 할 수는 없지만, 엄선한 책도, 빵도, 카페도, 전시도 모두 딱 들어맞는 느낌이다. 그래서인지 이곳에 자꾸 발길이 향한다.

책방 주인 오이 씨는 북스 큐브릭 1호점이기도 한 게야키도오리(けやき通り)점을 2001년에 오픈하고, 2008년에 하코자키점을 시작했다.

"책방을 시작한 것은 고등학교 생활에 적응하지 못했을 때 저를 구해 준 것이 책방이었기 때문이에요. 창업을 생각하면서 가장 힘들었을 때 저를 지탱해 준 책방을 떠올린 것은 자연스러운 일이었지요."

책방을 시작한다면 지방 도시에서 그 땅에 뿌리를 내리고 싶었다. 이탈리아에서 머물며 겪은 경험이 이런 생각을 한 계기가 되었다.

"이탈리아에 1년 동안 머무른 적이 있는데, 그곳에서는 각 지역 사람들이 자신이 그 땅에서 태어난 것을 정체성으로 여겼어요. 그 때문인지 지역마다 강한 특색이 느껴졌어요."

그에 비해 오이 씨가 개업한 2001년의 일본에서는 문 닫은 상점이 많아지는 등 지역 커뮤니티가 점차 사라지는 경향이 나타나고 있었다.

"작아지는 사회 속에서 사실은 개성을 가지고 풍요로운 생활을 탐구해야 하는데 누구도 그것을 깨닫지 못했어요. 하지만 그런 상황이기에 앞으로 각 지역에 문화적 커뮤니티가 필요할 거라고 생각했어요."

이런 생각으로 후쿠오카에 책방을 만들어 문화를 교류하는 장소로 삼았다고 한다. 카페와 빵 공방을 만들고 이벤트와 전시를 개최한 것도 사람이 모이고, 문화가 싹트는 자리로서 할 수 있는 일을 오이 씨 나름대로 해 온 결과다.

"현재는 정보가 넘치고 있어서 오히려 책방이 할 수 있는 일이 있다고 생각해요. 자기만의 필터를 통해 정보를 전달하고, 이제부터 우리에게 무엇이 필요한지를 생각하고 싶어요. 그런 중요한 것을 묻는 곳, 멈춰 서서 생각하는 곳이 책방이 될 수 있을 거예요."

오이 씨는 자신이 뿌리내릴 곳을 찾고, 하고 싶은 일을 생각하면서 동시에 냉철하게 사람들이 원하는 것도 고민하면서 대담하게 행동한다. 그렇기에 17년 동안이나 책방을 할 수 있었을 것이다. 카페도 빵집도 냉정과 열정 사이를 줄타기하듯 아슬아슬 즐기면서 해낸다. 다음은 무엇을 해낼까? 북스 큐브릭 하코자키점에 정체라는 두 글자는 없다.

맛있는 빵의 향기에
끌리다

1. 책방인데 빵을 굽는 오븐이 있다. 일본에서 전국적으로 유명한 빵집인 빵스톡(Pain Stock)에서
일하던 전문가가 맛있는 빵을 굽는다. **2.** 2층에서는 갓 구운 빵만이 아니라 오리지널 블렌딩 커
피, 런치와 디저트까지 즐길 수 있다. **3-5.** 전시와 관련된 책과 책방 주인이 가장 추천하는 책이 진
열된 코너가 흥미롭다. 나선 계단의 뒤에는 그림책과 어린이책, 진열대의 안쪽에는 잡화, 더 안쪽
에는 문예, 생활, 영화, 음악, 디자인 등 문화에 관한 책이 있다. 사회학과 철학 코너도 있다.

문화가 싹트는 곳으로서
책방이 할 수 있는 일을 한다

1. 표지가 잘 보이도록 진열하거나 눈에 띄는 광고 문구를 붙여서 책의 매력을 효과적으로 전달하고 있다. 2. 구마모토의 다이다이서점(橙書店)이 출판하는 문예지 〈아르텔리(アルテリ)〉나, 후쿠오카에 있는 작은 출판사 쇼시칸칸보(書肆侃侃房)의 문학 무크 〈먹는 것이 느리다(たべるのがおそい)〉 등 규슈와 관련 있는 책도 비치한다. 3. 도쿄 니시고쿠분지(西国分寺)의 쿠루미도(クルミド) 출판사의 책《초원에서 온 편지(草原からの手紙)》등 전국 각지의 작은 출판물도 놓치지 않고 진열한다. 4-6. 오이 씨가 책을 고르는 기준은 생활에 도움이 되는 실용서, 비슷한 종류가 없고 재밌는 책, 완성도가 높은 책 등여러 가지가 있지만, 대체로 자기 자신이 가지고 싶은지 아닌지로 판단한다고 한다.

[info] 후쿠오카시 히가시구 하코자키 1초메 5-14 베르니도 하코자키(福岡市 東区 箱崎 1丁目 5-14 ベルニード箱崎) /
JR 하코자키역에서 도보 2분 / tel 092-645-0630 / 10:30~20:00 / 공휴일을 제외한 월요일 휴무

미노우
북스 & 카페
MINOU BOOKS & CAFE

마을의 문화적 인프라가 되는 책방

산기슭 마을에서 사랑받는 동네 책방

후쿠오카현 우키하(うきは)시에는 메이지 시대 (1868~1912)에 지어진 흰 벽의 건물들이 아름답게 자리하고 있다. 관광지이기도 한 이 지역에 2015년 미노우 북스 & 카페(MINOU BOOKS & CAFE)가 문을 열었다. 우키하시의 중심부인 지쿠고요시이(筑後吉井)의 흰 벽 거리에서 한 블록 옆으로 들어가면 찾을 수 있다. 안에 들어가면 가로로 길고 천장이 높아 시원시원하게 뻗은 공간이 펼쳐진다.

책방 주인인 이시이 이사무(石井勇) 씨가 책방을 이곳에 연 이유도 시원하게 넓었기 때문이다.

"매장의 크기만큼 꿈이 채워진다고 생각했거든요."

책방의 테마는 생활이다. 잡지, 소설, 요리에 간호 방법을 다룬 책까지 있다. 의식주에 관련된 책이 진열되어 있는 것이다. 그 속에 사진집 등의 아트북도 섞여 있어서 흥미롭다.

"아트북을 진열하는 것은 그 역시 생활의 일부라고 생각하기 때문이에요. 아트를 몰라도 살아갈 수 있지만, 그것을 알면 인생이 풍요로워지고 세상을 보는 방식이 달라져요. 우리 일상에서 아트에 접할 기회가 많지 않은데, 매장에 사진집 같은 책을 두면 사람들이 아트와 새로이 관계를 맺는 계기가 될 거라 생각했어요."

그렇게 이야기하는 이시이 씨는 본래 음악을 했었다. 20대에는 많은 시간을 음악 활동에 쏟았다고 한다. 모든 음악 활동을 스스로 하는 미국 인디 밴드를 동경해서 시작했다. 라이브 하우스 외에 카페나 갤러리 등에서 음악을 할 수 있는 환경을 만드는 활동도 했다고 한다.

그런 음악 활동을 하면서, 도쿄와 오사카에 가게를 두고 아트북을 많이 취급했던 북카페에서 아르바이트를 시작했다. 여기에서 책을 담당하게 된 것이 책과 마주한 시작점이었다. 다루었던 책의 대부분이 외국 서적이나 아티스트가 개인적으로 출판한 책인 덕분에 일반적인 서점 직원이나 중고 책방이 생각하는 제도나 습관에 얽매이지 않고 자유롭게 책과 접할 수 있었다. 그만둔 뒤에는 미국의 포틀랜드(Portland) 등 서해안을 여행했는데 그때 미국의 책방을 보고 이런 곳이 동네에 있으면 좋겠다고 생각했다.

"한 곳 한 곳이 개성 있으면서도 제각각 거리 문화의 중심이 되었어요. 음악 활동을 하면서 만들고 싶었던 음악이 배어 나오는 거리와 북카페에서 느꼈던 자유로운 책 세계의 이미지, 그 두 가지가 결합한 것이 눈앞에 있었지요. 그래서 나만의 동네 책방을 하고 싶어졌어요."

귀국한 뒤 일단 후쿠오카시의 사진관에서 일했고, 살고 있던 우키하시에서 미노우 북스 & 카페를 열었다.

"책방을 연 지 3년째인데, 동네 사람들이 많이 찾아와 주세요. 책방을 계속하면서 느낀 것은 역시 책방이 문화적인 인프라라는 것이에요. 온라인 서점에서 책을 살 수 있는 사람은 자유롭게 구매하면 되겠지만, 인터넷을 사용하지 않는 나이 많은 손님은 그럴 수 없어요. 그런 손님을 위해 매장에 없는 책의 주문도 받고 있어요. 인구가 3만 명 정도라서 상업 활동을 하는 데에는 어려운 점도 있지만, 이 거리의 문화적인 인프라가 되어 길게 지속하고 싶어요."

이시이 씨는 앞으로 중고책도 취급하고 싶다고 한다. 신간으로는 손에 넣을 수 없지만, 지금도 통용되는 생활에 관련된 책을 취급하고 싶다고 한다. 5년 후, 10년 후, 우키하시는 지금과 어떻게 달라질까? 미노우 북스 & 카페의 도전은 계속 이어진다.

우키하시에
뿌리를 내리기 시작한
문화적 인프라가 되는
책방

1. 그림책과 어린이책도 갖추어 두었다. 〈별책태양(別冊太陽)〉에서 다룬 그림책 작가 가코 사토시(加古里子) 특집 등 부모를 위한 책도 있다. 2. 잡지 〈살다(住む。)〉나 〈라이브스(LIVES)〉 등 생활을 구성하는 중요한 요소인 집에 관한 책도 많다. 3. 《후쿠오카 숨은 장소 관광(福岡穴場観光)》처럼 후쿠오카를 소개하는 책도 있다. 4-6. 예전에 생선 가게였던 점포의 반은 카페로 운영하는데, 직접 만든 머핀과 케이크를 맛볼 수 있다. 커피는 이웃하는 구루메(久留米)시에 있는 커피 전문점의 원두를 사용한다. 산미가 있고 달콤한 향이 특징. 7. 매장 이름의 유래이기도 한 미노렌잔(耳納連山). 오리지널 토트백도 미노렌잔을 기초로 디자인했다. 8. 초등학생이 쓴 메시지를 붙인 모습. 지역의 아이들에게도 사랑받는 것을 엿볼 수 있다.

맛있는 케이크,
커피와 책이
기분을
한층 북돋운다

[info] 후쿠오카현 우키하시 요시이마치 1137(福岡県 うきは市 吉井町 1137) / JR 규다이 본선 지쿠고요시이역에서 도보 약 12분 /
tel 0943-76-9501 / 11:00~19:00 / 화요일, 세 번째 수요일 휴무

가모시카 서점
カモシカ書店

커다란 그릇 같은 책방

일본에서 온천으로 제일 유명한 오이타현이라고 하면 유후인(湯布院)이나 벳푸(別府)를 떠올리는 사람이 많을 것이다. 하지만 중심지인 오이타시에도 놓칠 수 없는 장소가 있다. JR 오이타역의 바로 옆, 관광객과 지역 주민으로 북적거리는 상점가에 있는 가모시카 서점(カモシカ書店)이 그곳이다. 책방의 1층은 2층으로 올라가기 위한 통로다. 적당한 가격의 책이 책장에 잔뜩 있다. 안쪽으로 들어가면 "2층부터 본격적입니다."라고 쓰인 종이가 붙어 있어, 기대가 한껏 부풀어 오른다. 계단을 올라가서 앞에 있는 투박한 철제문을 열면 시야가 탁 트인다. 높은 천장에 붉은 바닥, 오래된 간유리, 마치 옛날 영화관에서 헤매는 듯한 기분이다.

책장에는 중고책과 신간이 구별 없이 꽂혀 있다. 이와나미(岩波) 출판사에 나온 오래된 문고본이 놓인 책장 옆에 후쿠오카에서 활동하는 출판사 쇼시칸칸보의 신간이 있고, 여기저기 힘이 들어간 광고 문구도 붙어 있어서, 마음에 드는 한 권을 찾고 싶어진다. 책을 고르는 작업은 도쿄 나카메구로(中目黒)에 카우북스(カウブックス)를 만든 마쓰우라 야타로(松浦弥太郎) 씨를 참고로 해서, '정당하고 질이 좋으며 기본에 충실한 것'을 기준으로 한다고 한다. 지역 안팎에서 학생들이 책방을 찾아오는 일이 많아지고 단골도 꽤 늘어났는데, 책방 주인인 이와오 신사쿠(岩尾晋作) 씨와 이야기꽃을 피우곤 한다.

이와오 씨는 도쿄에서 약 13년을 지내고 오이타로 돌아왔다. 책방을 시작한 이유는 작지만 실속이 있고, 사람들의 얼굴을 마주하는 일을 하고 싶었기 때문이다. 학창 시절부터 패션, 영화, 책 세 가지가 좋았던 이와오 씨는 대학을 졸업한 뒤에 패션계와 영화계에서도 일했다.

"해 왔던 일들 모두 즐거웠지만, '정당하고 질이 좋으며 기본에 충실한 것'에 관계된 일을 하고 싶다고 생각했을 때 얼굴을 마주하고 책을 소개하는 책방에 가능성이 있다고 느꼈어요."

그 후 이와오 씨는 대형 서점에서 경험을 쌓은 뒤에 가모시카 서점을 열었다. 오이타로 돌아온 것은 출신지였기 때문이다. 10년 넘게 도쿄에 살았지만, '만약 내가 도쿄에서 책방을 연다면 내 숙명 중 하나를 버리게 된다.'라고 생각했다. 오이타를 조사해 보니 매력적인 사람이 많다는 것도 알게 되었다.

"특히 유후인을 유명 관광지로 만든 나카야 겐타로(中谷健太郎) 씨나 미니시어터 시네마5의 대표 다이하지메(田井肇) 씨는 대단한 분들이에요. 오이타에 있으면서 전국적으로 일하는 모습을 보고, 다른 업종이기는 하지만 그 뒤를 따르고 싶은 마음으로 오이타에서 책방을 열기로 결정했어요."

가모시카 서점은 도쿄 니시오기쿠보(西荻窪)에 있는 카페 돈구리샤(どんぐり舎)에서 영감을 얻어 만들었다. 학창 시절에 그곳에서 아르바이트를 했는데, 분위기가 매우 좋았다고 한다.

"만화가나 배우 등 많은 사람이 제각각 시간을 보냈어요. 손님이 없을 때는 뭘 해도 상관없어서 근무 중에 책을 몇 권이나 읽었지요. 돈구리샤에서는 찾아오는 사람도, 일하는 사람도 모두 자유로웠어요. 그렇게 다양한 사람들을 위한 장소를 오이타에도 만들고 싶었어요."

이 생각은 이와오 씨가 생각하는 책방의 역할로도 이어진다. 가모시카 서점은 숨 쉬기 힘든 사회를 냉정하게 파악하고 고쳐 나갈 여유를 주는 장소를 목표하고 있다.

"책방에는 그런 비평적인 태도가 꼭 있어야 해요."

다양성을 받아들일 수 있는 커다란 그릇 같은 책방. 가모시카 서점의 존재만으로도 그 거리에 가고 싶어진다.

계단을 올라가면
진한 책의 세계가
맞이해 준다

1-3. 독특한 분위기의 1층. 세월의 흔적이 묻어나는 책부터 새로운 책까지 다양해서 보물찾기를 하고 싶어진다. 2층으로 이어지는 나선 계단의 주변에는 미니시어터와 문화 잡지의 포스터 등이 붙어 있어서 2층에 대한 기대가 높아진다. **4.** 책방의 중앙에는 군함처럼 커다란 책장이 있다. 끝에서 끝까지 책이 꽂혀 있다.

여러 사람을 받아들이는
커다란 그릇 같은 책방

1. 유메아루샤(ゆめある舍)의《M의 사전(Mの辞書)》이나 나쓰하샤(夏葉社)의《별을 뿌린 거리(星を撒いた街)》등 개성적인 출판사의 책도 소개한다. 2. 가모시카 서점을 여는 데 영감을 준 니시오기쿠보의 카페 돈구리샤에서 블렌딩한 커피를 제공한다. 돈구리샤의 주인은 오이타현 출신이다. 3.《베르댜예프 저작집(ベルジャーエフ著作集)》이 진열되어 있는 등 중고 책방으로서도 물건을 확실히 갖추고 있다. 4. 카페에서는 직접 만든 치즈케이크와 카레를 맛볼 수 있다. 책을 읽거나 쉬거나 각자가 자유롭게 시간을 보낸다. 5-6. 중고 책방이지만 최신 잡지나 화제의 신간도 갖추고 있는 것이 가모시카 서점의 매력이다.

[info] 오이타현 오이타시 주오마치 2-8-1 2F(大分県 大分市 中央町 2-8-1 2F) / JR 오이타역에서 도보 약 8분 / tel 097-574-7738 / 11:00~22:00 / 월요일 휴무

나가사키 지로 서점
長崎次郎書店

창업 140주년부터 다시 시작하다

동네 책방으로 사람과 거리의 변화에 다가서다

예전에는 구마모토성의 아래쪽 마을이었고, 그 자취가 남은 오래된 주택가가 자리한 구마모토시 신마치(新町). 2016년 구마모토 지진 이후 재해를 입은 가옥의 재건이 이어지고 있으며, 운치 있는 거리에도 커다란 변화가 찾아오고 있다. 그런 신마치에 아직 역사가 느껴지는 훌륭한 건축물이 있다. 구마모토를 대표하는 문화재 나가사키 지로 서점(長崎次郎書店)이다.

이 책방은 1874년에 문을 열고 오랜 세월 이어져 왔으나, 사실은 2013년에 폐점 위기를 맞은 적이 있다. 그 위기를 도와준 사람은 같은 구마모토시에 있는 나가사키 서점의 경영자 나가사키 겐이치(長崎健一) 씨다.

"나가사키 서점은 본래 나가사키 지로 서점의 지점으로 시작했어요. 그러다가 1955년에 회사 조직을 나누고 별도의 회사가 되었지요. 나가사키 지로 서점은 그 후 주로 교과서나 정부 간행물을 팔면서 일반 독자에게서 동떨어진 존재가 되었어요. 제가 나가사키 서점을 하면서 언젠가 관계를 맺고 싶다고 막연히 생각하고 있었지요. 어느 날 나가사키 지로 서점이 휴업한 것을 책방 앞에 붙은 종이를 보고 알았어요. 나가사키 서점의 경영자로서 시초인 나가사키 지로 서점이 사라지게 둘 수는 없었어요. 그래서 가능한 일은 뭐든지 협력하려고 했어요."

그러던 와중에 친척이며 현재는 2층 카페의 주인인 나가사키 게이사쿠(長崎圭作) 씨가 연락을 해 왔다. 그 후로 이 건물을 어떻게 할지 이야기를 나누었고 1층은 동네 책방으로, 2층은 카페로 다시 태어나게 되었다. 2014년 리뉴얼하면서 나가사키 씨가 떠올린 것은 '내 집 근처에 있으면 좋은 가게'였다.

"예전에는 근처에 책방이 있는 게 당연했지만, 요즘은 달라요. 그렇기에 생활권 내에 좋은 책방이 있는 것은 기쁜 일이라고 생각했지요."

구마모토의 전통 서점이라는 이름이 부끄럽지 않도록 지역성과 문화성을 지닌 물건을 갖추려고 노력하고 있다. 그 결과가 책방 내의 작은 방에 있는 문예, 인문, 과학, 아트, 향토 책 등의 코너다.

구마모토 문화의 수발신을 맡는 중심지가 되겠다는 목표를 두고 책장을 구성한다. 손님들이 책을 느긋하게 고를 수 있도록 신경을 쓰기도 했다. 그림책이나 어린이책 코너에서 아이가 큰 소리를 내도 문예, 인문 코너에는 소리가 들리지 않게 배치했다. 이런 세심한 배려가 책방 구석구석까지 미치고 있다.

마을에 관해 물으니 나가사키 씨는 조심스럽게 이렇게 이야기했다.

"최근 근처의 프렌치 레스토랑에서는 젊은이들이 오래전부터 내려오는 전통을 살리려고 새로운 시도를 하고 있어요. 이제부터 재밌는 거리가 되어 가는 조짐이 느껴져요. 나가사키 지로 서점과 카페가 그 실마리가 되었으면 좋겠어요."

리뉴얼한 지 4년, 처음부터 다시 시작했지만 드디어 마을에 친숙해졌다고 한다.

"어린 시절에는 할머니 할아버지의 손에 이끌려서 책방에 와요. 초등학생이 된 뒤에는 용돈을 받아 스스로 사러 오지요. 중학생이 되면 그때까지 전혀 신경 쓰지 않았던 책을 집어 들게 돼요. 이런 삶의 변화가 책방에 채워져 간다고 생각해요. 아직 4년이니까 이런 변화들을 계속 담아내기 위해서라도 가능한 한 오래 하고 싶어요."

온화하게 이야기하면서도 강한 의지를 가진 나가사키 씨. 유서 깊은 서점이 갖추어야 할 이상적인 자세를 항상 생각하면서도 앞으로 나아가려는 마음도 소중히 하고 있다. 나가사키 지로 서점에는 온고지신이라는 말이 잘 어울린다.

소설가 모리 오가이(森鴎外)와
고이즈미 야쿠모(小泉八雲)도
방문한 서점

마음에 드는 책을
찾았다면
2층의 카페로

1.3. 2층의 카페. 역사가 느껴지는 공간이다. 창 너머 보이는 전차의 풍경이 멋지다. **2.** 진열해 놓은 문예와 인문 책은 둘러볼 가치가 있다. 그림책과 어린이책 등 아이와 부모를 위한 책장도 알차다. **4.** 다이쇼 시대에 건축가 야스오카 가쓰야(保岡勝也)가 설계한 건물은 현재 유형 문화재로 등록되었다. **5.** 진열대에서 오리지널 전시를 하고 있다. **6-7.** 나가사키 지로 서점에는 유명한 문호 모리 오가이, 나쓰메 소세키(夏目漱石)도 방문했다고 한다. 책방 안에는 작가 사카구치 교헤이(坂口恭平)의 원화나 화가 히구치 유코(ヒグチユウコ)의 사인 등이 걸려 있어 지금도 많은 유명인에게 사랑받는 것을 알 수 있다. **8-9.** 1층에는 의견을 적는 노트가 놓여 있다. 질문과 요청부터 마음이 따뜻해지는 메시지까지 손님이 의견을 쓰면 책방 직원이 답을 쓴다. 조용한 교류가 일어나는 현장이다.

[info] 구마모토현 구마모토시 주오구 신마치 4-1-19(熊本県 熊本市 中央区 新町 4-1-19) / 구마모토시덴 신마치역 바로 앞 /
tel 096-326-4410 / 10:30~19:00 / 설날, 후지사키하치만구 신사의 추계 예대제 당일 휴무 /
(2층 카페) tel 096-354-7973 / 오픈 11:26 라스트오더 17:26 / 수요일 휴무

히나타 문고
ひなた文庫

아소의 웅대한 자연에 둘러싸인 곳

조용하고 여유로운 시간이 흐르는 역사 안에서 책을 접하다

구마모토현 아소산의 거대한 칼데라 안에 있는 미나미아소무라(南阿蘇村). 인구가 약 1만 2천 명인 이 마을에 전국적으로 이름이 알려진 책방이 있다. 미나미아소미즈노우마레루사토하쿠스이코겐(南阿蘇水の生まれる里白水高原)역 안에서 운영되는 히나타 문고(ひなた文庫)는 나카오 유지(中尾友治) 씨와 다케시타 에미(竹下惠美) 씨가 시작한 중고 책방이다.

히로시마대학에서 만난 두 사람은 언제부터인가 책과 만날 수 있는 공간을 만들고 싶다고 생각했다. 대학을 졸업한 후 다케시타 씨는 책과 관련된 일을 하겠다는 강한 의지를 품고 도쿄의 출판사와 히로시마의 책방에서 일했다. 한편 나카오 씨는 대학원 졸업을 계기로 고향인 미나미아소무라로 돌아오게 되어, 다케시타 씨도 함께 이사하게 되었다.

두 사람은 나카오 씨의 가업인 음식점을 이어받았지만, 아쉽게도 그곳에는 책에 관련된 일이 없었다. 그래서 두 사람은 가업을 이으면서도 책에 관련된 일을 하기 위해 정보 수집을 시작했다. 매일 영업하는 일반적인 책방을 운영할 수 없었던 두 사람은 도쿄의 아담하면서도 개성적인 책방을 돌아다니며 가업을 포기하지 않고도 길게 지속할 수 있는 방법을 모색했다.

그 와중에 커다란 영향을 받은 것이 메트로 문고다. 도쿄 메트로 네즈역 안에서 설치한 지 27년 지난 무인 공공 도서관을 발견한 것이다. 이런 방식이라면 자신들도 할 수 있다고 용기를 얻은 두 사람은 자신들이 이어받은 가게의 한구석에서 책방을 시작하기로 했다.

음식점을 하면서도 제대로 된 책방을 낼 방법을 찾아보았다. 그럴 때 만난 것이 이 역사였다. 역이 있는 미나미아소 철도는 광산에서 광물을 운반하는 광차가 달리는 것으로 유명한데, 역사 안에 카페와 국숫집이 운영되고 있었다. 마찬가지로 비어 있는 역

사를 사용하게 된 것이다.

팔각형 모양의 역사에 들어가면 조용하고 여유롭게 시간이 흐른다. 그곳에서 아소산을 바라보면서 하염없이 머물고 싶어진다. 나카오 씨는 미나미아소가 좋다고 이야기했다. 고향에 온 것도 이 마을에 살고 싶었기 때문이라고. 그리고 이왕 산다면 재밌는 사람이 모이는 지역으로 만들고 싶었다.

"책방도 도서관도 없는 이 지역에서 사람들이 가고 싶어하는 문화 교류의 장소를 만들려고 했어요."

히나타 문고는 '선물하고 싶은 책'이라는 주제로 책장을 꾸린다고 한다. 일부러 여기까지 와 준 사람에게 추억이 될 수 있는 책을 진열한다. 정해진 분야는 없지만, 그림책과 음식, 생활에 관련된 책이 많다.

2016년에는 구마모토 지진이 발생해서 미나미아소무라도 심각한 피해를 입었다. 지진이 나고 일주일 동안은 집에도 돌아가지 못하고, 그저 가업인 음식점만큼은 열어야 한다는 마음으로 힘겨운 나날을 보냈다. 그래도 히나타 문고를 관두는 것은 생각하지 않았다고 한다. 단골에게 격려를 받으면서 다시 시작한 것은 지진 후 한 달 이상 지난 뒤였다. 광차도 멈추고, 손님도 줄었지만 가게를 계속하고 있으니 책을 기부하는 사람과 멀리서 와 주는 사람이 늘어났다.

"저는 이곳의 풍경과 계절의 변화가 좋아요. 매주 이 역사에 올 때마다 시간을 느끼는 방식이 바뀌어요. 늘 감동하게 되는 이 풍경을 보러 꼭 와 주세요."

다케시타 씨는 즐겁게 이야기했다. 아소산의 웅대한 풍경에 둘러싸여서 책을 천천히 읽는다. 이 행복한 시간은 무엇과도 바꿀 수 없다.

Octopus Books
ひなた文庫

GREAT
WORLD
ATLAS

일본에서 가장 이름이 긴
미나미아소미즈노우마레루
사토하쿠스이코겐역에는
일본에서 가장 행복한
책의 공간이 있다

책방도 도서관도 없는
작은 마을에서
계절의 변화를
느끼는 공간

1-2. 규슈를 책의 섬으로 만들고자 활동하는 출판사 가지카샤(伽鹿舎)의 책이 진열되어 있다. 가지카샤가 만들고 히나타 문고에서만 파는《은하철도의 밤》도 있다. **3.** 나카오 씨, 다케시타 씨와 대학에서 동기였던 예술가 데지마 유키(手嶋勇気) 씨의 작품을 전시하고 있다. **4.** 관광지이기도 한 미나미아소 철도를 즐기도록 역 주변 지도를 나눠 준다. **5.** 책방에 있는 책은 문을 닫을 때에 가지고 돌아가므로 책방 문을 열 때마다 책의 진열이 달라진다. 책방 이름인 히나타(양지)의 유래는 책방의 시작이 된 가업이 휴게소였던 시절에서 비롯되었다. 휴게소가 야외였기 때문에 비가 오는 날은 영업하지 못하고 맑은 날에만 열 수 있었다. **6.** 어른에게는 그리운 추억을 부르는 그림책과 어린이책. 여기에 놓아두면 어느 책이나 빛을 발휘한다.

[info] 구마모토현 아소군 미나미아소무라 나카마쓰(熊本県 阿蘇郡 南阿蘇村 中松) /
미나미아소미즈노우마레루사토하쿠스이코겐역(해당 역이 있는 구간의 열차는 현재 운휴 중) /
JR 오이타역에서 자동차로 약 1시간 / 11:00~15:30 / 금요일, 토요일 주 2회 영업

오늘도 작은 책방에 갑니다

초판 1쇄 발행 2023년 2월 6일 | **2쇄 발행** 2023년 6월 5일

지은이 와키 마사유키 | **옮긴이** 정지영

펴낸이 윤상열 | **기획편집** 최은영 김도희 | **디자인** 골무
마케팅 윤선미 | **경영관리** 김미홍
펴낸곳 도서출판 그린북 | **출판등록** 1995년 1월 4일(제10-1086호)
주소 서울 마포구 방울내로11길 23 두영빌딩 302호
전화 02-323-8030~1 | **팩스** 02-323-8797 | **블로그** greenbook.kr | **이메일** gbook01@naver.com

ISBN 979-11-87499-25-1 03910

NIHON NO CHIISANA HONYA SAN
ⓒ MASAYUKI WAKI 2018
Originally published in Japan in 2018 by X-Knowledge Co.,Ltd.
Korean translation rights arranged through AOM Agency SEOUL

이 책의 한국어판 저작권은 AMO 에이전시를 통해 저작권자와 독점 계약한 그린북에 있습니다.
저작권법에 의해 한국 내에서 보호를 받는 저작물이므로 무단 전재와 무단 복제를 금합니다.

그린페이퍼는 도서출판 그린북의 실용·교양도서 브랜드입니다.